Cees Nooteboom
Venezianische Vignetten

Aus dem Niederländischen
von Helga van Beuningen
Mit Fotografien von Simone Sassen

Insel Verlag

Insel-Bücherei Nr. 1386

Venezianische Vignetten

I

Es ist neblig in der Po-Ebene. Ich habe keine Lust zu lesen und sehe mir die mobilen Gemälde draußen an: eine uneigentliche Palme, einen kahlgestutzten Apfelsinenbaum, in dem die albern wirkenden Früchte wie ein Vorwurf hängen – nur: an wen? Trauerweiden entlang einem verschmutzten braunen Fluß, beschnittene Zypressen, ein Friedhof mit riesigen Grabhäusern, als wohnten prahlerische Tote darin, eine Wäscheleine mit rosafarbenen Laken, ein umgefallenes Schiff mit verrottendem Kiel, und dann fahre ich über Wasser, die weißliche, spiegelnde, umnebelte Fläche der Lagune. Ich drücke den Kopf an die kalte Scheibe und sehe in der Ferne die graue Andeutung von etwas, das eine Stadt sein soll und jetzt erst als Steigerung des Nichts sichtbar ist, Venedig.

Bereits in der Bahnhofshalle ist der Zug von mir abgefallen, braun und lackiert bleibt er am herbstlichen Bahnsteig zurück, ich bin wieder ein ganz normaler Reisender, jemand, der aus Verona eintrifft, eine Person mit einem Koffer, die zum Vaporetto eilt. »Über die düsteren Kanäle wölbten sich die hohen Brücken, und da war ein dunkler Geruch von Feuchtigkeit, Moos und grüner Fäulnis, und da war die Atmosphäre einer jahrhundertealten Geheimnisvergangenheit, einer Vergangenheit der Intrigen und Verbrechen; dunkle Gestalten schlichen über die Brücken, an Kaimauern entlang, in Umhänge gehüllt, maskiert; die Leiche einer weißen Frau schienen zwei *bravi* dort von einem Balkon [...] ins schweigende Wasser gleiten lassen zu wollen! Doch es waren lediglich

Schemen, es waren lediglich Spukerscheinungen aus unserer eigenen Phantasie.«

Das bin nicht ich, das war Couperus*. Mir gegenüber sitzt kein Schemen, sondern eine Nonne. Sie hat ein weißes Gesicht, lang und schmal, und liest ein Buch über *educazione linguistica.* Das Wasser ist schwarzgrau, ölig, es glänzt keine Sonne darin. Wir fahren an geschlossenen Mauern entlang, die angegriffen sind, bewachsen mit Moos und Schimmel. Auch für mich gehen dunkle Gestalten über die Brücken. Es ist kühl auf dem Wasser, eine durchdringend feuchte Kälte, die vom Meer heraufzieht. In einem Palazzo sehe ich jemanden zwei Kerzen an einem Leuchter anzünden. Alle anderen Fenster sind hinter abgeblätterten Läden geschlossen, und jetzt schließt sich auch noch der letzte Laden – eine Frau tritt vor und macht die Bewegung, die sich nicht anders machen läßt: Mit weit ausgebreiteten Armen geht sie auf die Läden zu, ihre Gestalt zeichnet sich gegen das schwache Licht ab, so verdunkelt sie sich selbst bis zur Unsichtbarkeit. Mein Hotel liegt gleich hinter der Piazza San Marco, von meinem Zimmer im ersten Stock sehe ich ein paar Gondolieri, die zu so später Stunde noch auf Touristen warten, ihre schwarzen Gondeln wiegen sich im Wasser. Auf dem Platz suche ich nach der Stelle, von der aus ich zum erstenmal den Campanile und San Marco gesehen habe. Das ist lange her, doch der Augenblick bleibt unvergeßlich. Die Sonne knallte auf die Piazza,

* Louis Marie Anne Couperus (1863-1923), niederländischer Schriftsteller, der neben Gedichten, Novellen, historischen Romanen auch viele Reiseerzählungen verfaßt hat.

auf all die runden, weiblichen Formen von Torbögen und Kuppeln, die Welt machte einen Sprung, und mir schwindelte. Hier hatten Menschen etwas getan, was unmöglich war, auf diesen paar sumpfigen Stücken Land hatten sie sich ein Gegengift ausgedacht, einen Zauber gegen alles, was häßlich war auf der Welt. Hundertmal hatte ich diese Abbildungen gesehen, und trotzdem war ich nicht darauf vorbereitet, weil es vollkommen war. Dieses Glücksgefühl ist nie vergangen, und ich erinnere mich, daß ich den Platz betrat, als wäre es nicht erlaubt, aus den engen, dunklen Gassen hinaus auf das große, ungeschützte, sonnenbeschienene Rechteck, und an seinem Ende dieses *Ding*, dieses unglaubliche Gespinst aus Stein. Oft genug bin ich danach noch in Venedig gewesen, und selbst wenn sich dieser Pfeilschuß des ersten Mals nicht wiederholt hat, erlebe ich doch nach wie vor diese Mischung aus Entzükken und Verwirrung, auch jetzt bei Nebel und angebrachten Schutzbrettern gegen die Flut. Wieviel wohl alle Augen zusammen wiegen, die diesen Platz gesehen haben?

Ich spaziere an der Riva degli Schiavoni entlang. Ginge ich nach links, müßte ich mich im Labyrinth verirren, aber ich will nicht nach links, ich will auf dieser bereits halb verhüllten Grenze zwischen Land und Wasser entlangspazieren, bis zum Partisanendenkmal, der großen, gefallenen Gestalt einer toten Frau, die von den kleinen Wellen des Bacino di San Marco umspült wird. Grausam und traurig ist dieses Denkmal. Die Dunkelheit verdüstert den großen finsteren Körper, der sich sacht hin und her zu bewegen scheint, die Wellen und der Nebel täuschen mich, es ist, als würde ihr Haar durch die Bewegung des Wassers auseinandergefächert, als wäre jetzt Krieg und nicht damals. Sie ist so groß, weil sie bei unserer Erinnerung etwas bewirken will, eine viel zu große Frau, die erschossen wurde und dort im Meer liegt, bis sie, wie alle Denkmäler, aus einer bitteren Erinnerung an diesen einen Krieg und diesen einen Widerstand zu einem Zeichen wird, das immer für Krieg und Widerstand steht. Und dennoch – wie leicht verliert ein Krieg all sein Blut, sofern er sich nur vor hinreichend langer Zeit zugetragen hat. In dem Buch, das ich bei mir habe, *The Imperial Age of Venice, 1380-1580*, sind die Schlachten, das Blut und die Reiche zu Schraffuren, Pfeilen und hin und her springenden Grenzen auf der Karte von Italien, Nordafrika, der Türkei, Zypern sowie dessen abstrahiert, was heute der Libanon und der Staat Israel ist, die Pfeile reichten bis Tana und Trapezunt am Schwarzen Meer, bis nach Alexandria und Tripoli, und auf den Routen dieser Pfeile kehrten die Schiffe beladen mit Kriegsbeute und Handelswaren zurück, die aus der Stadt am Wasser eine byzantinische Schatzkammer machten.

Ich nehme ein Boot zur Giudecca. Dort habe ich nichts zu suchen. Die von Palladio erbauten Kirchen stehen wie hermetische Marmorfestungen da, die Passanten gehen umher wie Geister. Man ist daheim – hinter geschlossenen Fenstern ist das erstickte Geräusch der Fernseher zu hören. Ich gehe wahllos in Straßen hinein und hinaus, will zur anderen Seite hinüber, was mir aber nicht gelingt. Die Lichter der Stadt kann ich jetzt fast nicht mehr erkennen. So dürfte die Vorhölle für mich gern aussehen, Gassen ohne Ausweg, plötzlich auftauchende Brücken, Ecken, verlassene Häuser, Geräusche, die zu nichts gehören, das Rufen eines Nebelhorns, Schritte, die sich entfernen, Passanten ohne Gesicht, die Köpfe in schwarze Tücher gehüllt, eine Stadt voller Schemen und voller Erinnerung an Schemen, Monteverdi, Proust, Wagner, Mann, Couperus, die in der allgegenwärtigen Nähe dieses schwarzen, mit Tod bestrichenen, wie ein marmorner Grabstein geschliffenen Wassers umhergeistern.

Am nächsten Tag besuche ich die Accademia. Ich bin des so weltlichen *Abendmahls* von Veronese wegen gekommen, doch das wird gerade restauriert, der Saal ist durch einen Vorhang geschlossen. Die beiden Restauratoren, ein Mann und eine Frau, sitzen nebeneinander auf einer niedrigen Bank und beschäftigen sich mit den Steinplatten unter der rosafarbenen und der grünen Person, wie ich sie der Einfachheit halber nennen will. Mit einem Stock, an dem ein weißer Ball befestigt ist, reiben sie über eine äußerst kleine Fläche. Dort wird es heller. Die Frau trägt ein Rot, das zu einer der Figuren paßt. Von Zeit zu Zeit lassen sie ihre chemischen Stöcke sinken und diskutieren über eine Farbe oder eine Richtung, mit Gesten so theatralisch wie die Veroneses. Ich weiß nicht mehr, ob es Baudelaire war, der Museen mit Bordellen verglichen hat, jedenfalls steht fest, daß es immer viel mehr Gemälde gibt, die etwas von dir wollen, als umgekehrt. Das macht die Atmosphäre in den meisten Museen so niederdrückend, all diese mit einer Absicht gemalten Quadratmeter, die so werbend dahängen und einem nichts zu sagen haben, die nur

dahängen, um eine Periode zu illustrieren, Namen zu repräsentieren, Reputationen zu bestätigen. Heute jedoch, während ich enttäuscht vom verborgenen Veronese weggehe, habe ich Glück.

Irgend etwas an einem Gemälde, an dem ich schon vorbei bin, ruft mich zurück, mein Hirn ist an etwas hängengeblieben. Von dem Maler, Bonifacio de' Pitati, habe ich noch nie gehört. Das Bild heißt »Die Erscheinung des Ewigen« (*Apparizione dell' Eterno*) und sieht auch so aus. Über dem Campanile – der tatsächlich im Jahr 1902 einstürzte, doch das konnte der Jahrhunderte zuvor gestorbene Maler nicht wissen – hängt drohend eine düstere Wolke. Die Spitze ist unsichtbar, die Wolke selbst mehrschichtig, und mit weit ausgebreiteten Armen fliegt in seinem eigenen, noch düstereren und ebenfalls wolkenartigen Umhang ein Greis vorbei, umgeben von Köpfen und Teilen – der Andeutung eines Händchens, einer aufwärts fliegenden molligen Armpartie – jener reizlosen Engelart, die man *putti* nennt. Aus der Düsternis des Umhangs und des geringeren Übels, der Wolke, rettet sich eine Taube, die ein seltsam durchdringendes Licht verströmt.

Ich bin durch meine Erziehung von früher her perfekt konditioniert, diese Art von Bildern zu deuten. Dies sind der Vater und der Heilige Geist, und sie sausen, ohne Begleitung des Sohns, mit großer Geschwindigkeit über die Lagune. San Marco ist fein gepinselt, alles andere etwas verschwommen, es kostet Mühe, mir klarzumachen, daß diese so viel früher gemalte Kirche in Wirklichkeit ganz in meiner Nähe steht.

Auf dem großen Platz *verkehren* mit leichten Strichen angedeutete menschliche Wesen. Einige von ihnen haben zarte, fliegenflügelartige Arme erhoben, doch massenhaften Schrekken, wie bei einer Schießerei, ruft diese Darstellung der Ewigkeit nun auch wieder nicht hervor. Einige Segel von Schiffen werden vom Taubenlicht erfaßt, doch niemand der Anwesenden auf dem Platz wird *nonym*, sie haben keine Gesichter und damit keine Namen, keine Charaktere, stellen lediglich eine Menschenmenge dar. Mit Mühe löst sich die Andeutung eines Hundes aus dem gemalten Pflaster, ein Fleck, der einen Hund verkörpert, zwischen anderen, ebenfalls materiellen Flecken, die nichts verkörpern, keine Substantive, lediglich die Nuancen von Farbe und Stein, Beiwerk. Jemand trägt eine Tonne oder ein schweres Holzbündel und geht folglich gebeugt, viele scharen sich um einen, doch warum, wird nicht klar, Handelsgegenstände hängen am Vordach einer Bude, längliche Hasen, Tücher, Lavendelbüschel, nur der Maler wußte es. Die Erscheinung schiebt ihre winzigen Schatten in Flugrichtung voraus, die Kuppeln von San Marco sind verengt, aufgebläht, sind beim Glasblasen nicht gut geraten, zu hoch und zu dünn.

Noch einmal starre ich, als könnte ich selbst dabeistehen, auf diese seltsamen Reihen menschlicher Wesen, frühere Venezianer. Sie sind aufgestellt wie an einer englischen Bushaltestelle, allerdings ohne Haltestelle, das Warten, das von ihnen verlangt wird, beginnt offenbar an einem geheimnisvollen Ort des Nichts, es ist die Stelle, die ich nachher auf diesem Platz gern wiederfinden würde, markiert durch eine Formel,

die nur ich lesen könnte, so daß ich, und niemand sonst, die Ewigkeit sähe, die dort, und nur dort, vermummt als alter Mann, der einer Taube nachjagt, vorbeifliegen würde, als könnte sie Ikarus einholen.

1982

Es gab noch keinen Film, warum sehe ich dann einen? Es ist die Nacht vor Allerheiligen. Die Kamera ist auf die Bleiplatten gerichtet, die das Dach der Piombi bilden, des Gefängnisses, aus dem noch keiner entkommen ist. Niemand außer dem nicht existierenden Zuschauer sieht, wie sich eine dieser im wahrsten Sinne des Wortes bleischweren Platten, die an die Marmordachrinne genietet sind, langsam hebt. Die Kamera zoomt diesen Ausschnitt heran, einen Augenblick lang sehen wir im Licht des Novemberabends durch den engen Spalt ein Augenpaar, dann senkt sich der Grabstein erneut. Giacomo Casanova hat gesehen, was wir bereits wissen: daß es eine klare Nacht über Venedig ist. Der zunehmende Mond, der erst am folgenden Tag in sein erstes Viertel eintreten wird, hätte von dem Ausbruch auf dem hohen Dach ein Schattenspiel gemacht. Der Flüchtling sieht es sofort vor sich: langgereckte Schatten auf dem Pflaster der Piazza San Marco in der sonst nicht erleuchteten Stadt. Erst um elf Uhr wird der Mond untergehen, dann bleiben noch achteinhalb Stunden bis zum Sonnenaufgang.

Der Mann unter dem Bleidach, über den Philippe Sollers später schreiben wird, er habe »fünf Jahreszeiten in der Hölle zugebracht«, weiß, daß er noch drei Stunden warten muß. Er hat das tollkühne Leben eines Abenteurers geführt, und auch jetzt spielt er va banque. Es geht allein darum: Erniedrigung oder Tod. Doch er ist ein Tollkühner, der sich zu beherrschen vermag, dieser Meister der zurückgehaltenen Ejakulation. Ein

Abenteurer, der kalkulieren kann, ein Stratege. Wer ein Leben geführt hat, das auf Eindringen angelegt war, muß auch ausbrechen können. Kurz bevor die schicksalshafte elfte Stunde anbricht, schreibt er, »ohne Licht«, wie er sagt, in der Zelle des Grafen Asquini: »Eure Exzellenzen, die Staatsinquisitoren sind verpflichtet, alles in ihrer Macht Stehende zu tun, um einen Gesetzesbrecher in seiner Zelle gefangen zu halten; ein Gesetzesbrecher, der so glücklich ist, nicht auf Ehrenwort im Arrest zu sitzen, hat seinerseits alles in seiner Macht Stehende zu tun, um seine Freiheit wiederzugewinnen. Ihre Pflicht ergibt sich aus der Rechtsprechung; seine aus seiner Natur. Genauso wie sie seiner Zustimmung nicht bedürfen, um ihn einzusperren, bedarf er ihrer Einwilligung nicht, um zu fliehen.«

Den Film, den ich sehe, kann ich nur sehen, weil der Fliehende sein Entkommen am Ende seines Lebens so bildhaft beschrieben hat, daß es einem heute noch den Atem verschlägt. Das endlose Geschabe mit seinem Sponton am Holz unter den Bleiplatten, das »hundert Arm« lange Seil, das er selbst aus zerschnittenen Bettlaken, Tüchern, Kissen »mit Weberknoten« zusammengeknüpft hat, der »florettseidene« Umhang und die Taschentücher und Strümpfe, die er unbedingt dabeihaben wollte, man sieht alles vor sich, wie man auch sieht, wie der mit ihm fliehende Mönch sich mit den vier Fingern (Vier! Nach all den Jahren weiß er das noch!) seiner rechten Hand an Casanovas Gürtel festkrallt, während dieser sich auf das Dach hinaufarbeitet.

Wer wissen will, wie es war, muß sich mal in einer Nacht, wenn der Mond bereits untergegangen und die Musik auf

der Piazza San Marco erstorben ist, alleine auf diesen Platz stellen und versuchen, sich das Licht der Laternen wegzudenken. Was er dann sieht und hört, ist Finsternis und Stille, und in dieser Finsternis und Stille muß er sich vorstellen, daß zwei Männer rittlings auf dem höchsten Punkt des Daches sitzen, zweihundert Schritte von den wollüstigen orientalischen Kugelformen der Markusdomkuppeln entfernt. Es darf natürlich nicht sein, daß in diesem Moment der Hut des Mönchs vom Dach fällt und mit langsamen Kapriolen, als würde er mehrere Male feierlich gezogen, im Wasser tief unter ihm landet – das wäre ebenso unstatthaft wie all die darauf folgenden Hitchcock-Augenblicke der Angst und des Zweifels; doch Seil, Hut und kühle Panik sind allesamt Elemente der Geschichte, die einige Wochen später an sämtlichen Höfen Europas kursieren wird, ebenso wie das undurchdringliche Gitterfenster, die Verzweiflung und dann plötzlich der so nah dröhnende Zwölf-Uhr-Schlag vom Campanile just in dem Augenblick, da der geniale Freigeist sich dort auf dem Dach klarmacht, daß das Allerheiligenfest begonnen hat und daß unter all den Heiligen doch wohl einer sein muß, der bereit ist, ihn zu beschützen.

Casanova habe ich zum erstenmal auf deutsch *nicht* gelesen, in einer in Berlin und Wien erschienenen Ausgabe, »vollständig übertragen von Heinrich Conrad«. Nicht gelesen, irgendwo auf einem Trödelmarkt erstanden, vergilbtes Papier, gotische Schrift, mein Deutsch noch nicht gut genug. Warum aber habe ich ihn gekauft? Es muß während meiner Pubertät gewesen sein, den Namen Casanova umgab eine geheimnisvolle Anziehungskraft, allein schon durch den Besitz dieser sechs Bände würde ich dem Ausspruch Schopenhauers zufolge auch den Inhalt besitzen und so an einer unzugänglichen Welt teilhaben, die auf irgendeine Weise von einer unbeholfen gezeichneten Frauengestalt (»Die Tänzerin Camargo«) im zweiten Band verkörpert wurde: eingeschnürte Taille, hoher Busen, porzellanzarte Knöchel unter weit ausladenden Rockschichten, unter denen sich die Geheimnisse dieses Frauenkörpers befinden mußten, die vom Autor so eingehend studiert und verzeichnet worden waren. Während ich diesen Satz schreibe, höre ich, wie lächerlich er im Jahrhundert der Nacktbadestrände und Bikinis, der chauvinistischen männlichen Schweine und des politischen Puritanismus klingt. Nicht den Hauch einer Chance hätte Casanova in unserer verkauften und scheinheiligen Zeit gehabt, die es offenbar nicht mehr erwarten kann, bis ein neuer Fundamentalismus erblüht oder alle an televisionärer Langeweile gestorben sind.

Jahre nachdem ich diese sechs deutschen Bände nicht richtig gelesen hatte, durfte ich Federico Fellini, den ich sehr bewunderte, zu *seinem* Casanova interviewen, und vergrätzt über die Perversion der Chronologie, würde ich das Interview heute gerne noch einmal mit ihm führen, denn damals hatte ich ihm nichts entgegenzusetzen. Was ist inzwischen passiert? Voltaire, Diderot, Talleyrand, Casanova, das ist passiert. Durch Philippe Sollers' wunderbares Buch *Casanova l'admirable* hatte ich den alten Libertin neu entdeckt, gleichzeitig mit neuen Ausgaben seiner Memoiren auf französisch und niederländisch, das große geistige Gewitter des aufgeklärten 18. Jahrhunderts, als es den Anschein gehabt haben mußte, die Welt werde neu erschaffen, clair-obscur, leichtsinnig und tiefsinnig zugleich, ein Theater, durch das diese überlebensgroßen Gestalten schreibend, intrigierend, denkend und vögelnd getanzt sind. Was hätte ich heute zu Federico Fellini gesagt? Daß Giacomo Casanova die Frauen mehr geliebt hat als alle männlichen Feministen des ausgehenden 20. Jahrhunderts zusammen? Das Gespräch muß bleiben, wie es ist, vor allem auch, weil es ein Porträt des von mir noch immer so bewunderten Maestro ist. Heute aber würde ich gern mit Sollers sagen, daß aus diesem 21. Jahrhundert nichts wird, es sei denn, wir finden zum Geist des 18. zurück.

An einem düsteren Tag Ende 1999 habe ich zum erstenmal die Piombi besucht. Das letzte, was vergeht, sind Steine und Eisengitter, habe ich damals notiert. Was man dort sieht, ist der Inbegriff von Gefängnis: unendlich dicke Türen, riesige Schlösser, die allein schon durch ihren Anblick grausam sind, in die Mauer gekratzte verzweifelte Worte, vergitterte Fenster, die durch ihre runden ineinandergeflochtenen schmiedeeisernen Figuren die fatale Unmöglichkeit eines Ausbruchs verkörpern. Vor zweihundertfünfzig Jahren ist ein theatralischer Abenteurer, ein hinreißender Hochstapler, ein leicht erregbarer Poseur, ein gescheiterter Alleskönner und genialer Schriftsteller, der, wie Stendhal, sehr wohl wußte, was er wert war, durch diese undurchdringbaren Gitter entschwebt, weil er noch ein Buch zu schreiben hatte. Liest man sein Leben, so beginnt es einem zu schwindeln, und das ist nicht die richtige physische Verfassung, um das zu tun, was ich nach den komplizierten Regeln seiner Etikette nun gerade so gerne täte: vor einem eigensinnigen Phantasten eine Verbeugung machen, der seine eigene Wirklichkeit so ersonnen hat, daß ich immerzu meine, ihm gleich noch irgendwo zu begegnen.

2000

II

Venezianische Vignetten

Palude del Monte, Bacino di Chioggia, Canale di Malamocco, Valle Palezza, wie herrlich wäre es, sich Venedig noch einmal zum erstenmal zu nähern, nun aber schleichend: auf das Labyrinth zufahrend durch jenes andere Labyrinth der Sümpfe, zwischen Wassertieren, im morgendlichen Frühnebel an einem Januartag wie diesem, ringsum nichts als das Geräusch der Vögel und das Plätschern der Ruder, das brackige Wasser still und glänzend, die Vision in der Ferne noch verschleiert, die Stadt in ihr eigenes Geheimnis gehüllt. Palude della Rosa, Coa della Latte, Canale Carbonera, auf der großen Karte der Lagune wirken die Wasserwege wie fächelnde Algen, wie Pflanzen mit gewundenen, beweglichen Fangarmen, doch es sind Wasserwege im Wasser, Wege, die man kennen muß, wie ein Fisch seinen Weg kennt, Fahrrinnen im Wasser, das bei Ebbe wieder zu Land wird, nassem Land aus saugendem Schlamm, Jagdrevier des Dunklen Wasserläufers, des Rotschenkels, des Strandläufers auf ihrer ewigen Suche nach Würmern und kleinen Muscheln in deren Behausung aus Wasser und Sand. Sie waren die ersten Bewohner, und vielleicht, wenn die Stadt dereinst wie eine unendlich verlangsamte Titanic wieder im weichen Boden versinkt, auf dem sie jetzt noch zu schwimmen scheint, werden sie auch die letzten sein, als habe die Welt zwischen diesen beiden Augenblicken etwas geträumt, etwas Unmögliches, einen Traum von Palästen und Kirchen, von Macht und Geld, von Herrschaft und Niedergang, ein Paradies der Schönheit, das aus sich selbst vertrieben worden ist, weil die Erde ein so großes Wunder nicht ertragen konnte.

Die Ewigkeit können wir uns bekanntlich nicht wirklich vorstellen. Womit sie für meinen Menschenverstand noch am ehesten Ähnlichkeit hat, ist die Zahl tausend, wahrscheinlich wegen der runden Leere dieser drei Nullen. Eine Stadt, die schon länger als tausend Jahre existiert, ist eine greifbare Form der Ewigkeit. Ich denke, das wird der Grund dafür sein, daß die meisten Menschen sich hier ein wenig fremd bewegen, verirrt zwischen all den Schichten der Vergangenheit, die in dieser Stadt gleichzeitig alle zur Gegenwart gehören. Anachronismus ist in Venedig das Wesen der Dinge selbst, in einer Kirche aus dem 13. Jahrhundert betrachtet man ein Grab aus dem 15. und einen Altar aus dem 18. Jahrhundert, was die Augen sehen, ist, was die jetzt nicht mehr existierenden Augen Millionen anderer gesehen haben, und das ist hier durchaus nicht tragisch, denn während man schaut, reden sie weiter, man befindet sich fortwährend in der Gesellschaft Lebender und Toter, man nimmt teil an einer seit Jahrhunderten geführten Konversation. Proust, Ruskin, Rilke, Byron, Pound, Goethe, McCarthy, Morand, Brodsky, Montaigne, Casanova, Goldoni, da Ponte, James, Montale, wie das Wasser in den Kanälen umfließen einen ihre Worte, und wie das Sonnenlicht die Wellen hinter den Gondeln in tausend kleine Glitzerlichter zersplittern läßt, so echot und leuchtet in all diesen Gesprächen, Briefen, Skizzen, Gedichten das Wort »Venedig« auf, immer gleich, immer anders. Nicht von ungefähr nannte Paul Morand sein Buch über diese Stadt *Venises* (»Venedige«), und eigentlich ist selbst das noch nicht genug. Nur für diese Insel müßte es eine Steigerungsstufe des Plurals geben.

Ich kam nicht auf dem Wasser, ich kam aus der Luft, von der einen Wasserstadt in die andere. Ein Mensch, der sich verhält wie ein Vogel – das kann nicht gutgehen. Dann mit einem Taxi über die Brücke, die es nie hätte geben dürfen, mit einem Fahrer, der es entsetzlich eilig hat, ein Mensch, der sich verhält wie ein Jagdhund, ich spüre, daß es nicht richtig ist, nicht hier. Doch ich habe mich gewappnet, ich bin gepanzert mit Vergangenheit. In meinem Gepäck befinden sich der Baedecker von 1906 und der Führer des Touring Club Italiano von 1954. Der Bahnhof liegt noch immer dort, wo er hingehört, ich werde mich nicht fragen, wie viele Menschen hier seit 1906 mit dem Zug angekommen sind. »Gondeln mit einem Ruderer 1-2 fr., nachts 30 c. mehr, mit zwei Ruderern das doppelte, Gepäck jedes kleinere Stück 5 c. Gondeln sind stets ausreichend vorhanden, außerdem bis gegen Mitternacht die Stadtdampfer (Koffer und Fahrräder nicht zugelassen, Handgepäck frei). Bahnhof S. Marco 25 min. Fahrpreis 10 c. Pensionen, Riva degli Schiavoni 4133, deutsch, Zimmer von 21/2 fr. an. Möblierte Zimmer (auch für kurze Zeit), Frau Schmütz-Monti, Sottoportico Calle dei Preti 1263. Hotel: H. Royal Danieli, nahe dem Dogenpalast, mit Aufzug, 220 Z. von 5 fr. an mit Zentralheizung.« 1954 kostet eine Gondelfahrt von der Stazione Ferroviaria zum Albergho del centro für zwei Personen mit höchstens vier Koffern bereits

1500 Lire, danach haben sich die Beträge den astronomischen Zahlen der Raumfahrt angepaßt. Louis Couperus reiste zu Beginn unseres Jahrhunderts noch mit zehn Koffern und umgeben von einer Wolke von Gepäckträgern nach Venedig, doch der Fortschritt hat uns zu unseren eigenen Dienern gemacht, und so schleppe ich meine beiden störrischen Koffer zwischen den Beinen der Menge hindurch zum Vaporetto und zahle einen Betrag, von dem zu Rilkes und Manns Zeiten eine Familie eine Woche lang hier hätte leben können. Eine halbe Stunde später wohne ich auf einem vier Marmortreppen hohen Alpengipfel in einer Gasse, in der man seine Ellbogen besser nicht spreizt, doch aus sechs kleinen Fenstern habe ich Aussicht auf eine Kreuzung zweier Kanäle, die ich als Amsterdamer Grachten nennen würde. In dem Augenblick, da ich eines dieser Fenster öffne, fährt eine Gondel vorbei mit acht durchfrorenen japanischen Mädchen und einem Gondoliere, der O sole mio singt. Ich bin in Venedig.

Viertelstunde, halbe Stunde, Stunde, die bronzenen Stimmen der Zeit, die man in anderen Städten nicht mehr hört, hier überfallen sie einen in Gassen und auf Brücken, als wäre es die Zeit persönlich, die einen verfolgt, um mitzuteilen, welches Stück nun wieder von ihr abgeschlagen worden ist. Du hast dich im Labyrinth verirrt, suchst die Santa Maria dei Miracoli, die Ezra Pound als »jewelbox« bezeichnet hat, du weißt, daß du ganz in ihrer Nähe bist, der Name der Gasse, in der du stehst, ist nicht auf der sonst so ausführlichen Karte angegeben, eine Uhr schlägt, und dann schlägt eine andere und noch eine andere, und die spricht nicht mehr von der Zeit, sie ruft etwas vom Tod, düstere, schwarze Schläge, oder von einer Hochzeit oder einem Hochamt, und dann galoppieren die Uhren gegeneinander, als machten sie ein Wettrennen. Um zwölf Uhr mittags wird das Angelus geläutet, dessen lateinische Worte ich noch aus der Schulzeit kenne: Angelus Domini nunciavit Mariae, der Engel des Herrn hat Maria verkündigt, und gleichzeitig siehst du sie vor dir, all die Verkündigungen, die byzantinischen wie gotischen, die von Lorenzo Veneziano und den Bellinis gemalten, in der Accademia, in der Ca d'Oro, in den Kirchen: immer wieder der Flügelmann und die Jungfrau, du siehst sie so oft, daß du dich nicht mehr darüber wunderst, daß ein Mann Flügel hat, genausowenig wie du dich über die anderen Traumfiguren wunderst, gekrönte Löwen, Einhörner, durch die Luft fliegende Menschen, Greife, Drachen, sie wohnen hier, *du* bist es, der sich in das Hoheitsgebiet des Traumes, der Fabel, des Märchens verirrt hat, und wenn du klug bist, läßt du es auch zu. Du hast etwas gesucht, einen Palast, das Haus eines Dichters, aber du verläufst dich, biegst in eine Gasse ein, die an einer Mauer endet oder an einem Ufer ohne Brücke, und mit einemmal wird dir bewußt, daß es genau darum geht, daß du erst dann die Dinge siehst, die du sonst nie sehen würdest. Du bleibst stehen, und was du hörst, sind Schritte, das vergessene Geräusch, das zu einer Zeit ohne Autos gehört und hier seit Jahrhunderten ununterbrochen ertönt. Schlurfende, stürmische, eilige, träge, schlendernde Schritte, ein Orchester mit Instrumenten aus Leder, Gummi, Holz, Sandalen, Stöckelschuhe, Stiefel, Freizeittreter, doch stets das menschliche Maß, das in den Stunden des Lichts anschwillt und, wenn es dunkel wird, allmählich abnimmt, bis man nur noch Soli hört und schließlich die einsame Arie der eigenen Füße, die in der dunklen, schmalen Gasse, auf den Marmorstufen widerhallen, und dann nur noch Stille, bis die Stadt zum letztenmal etwas sagen will: daß es auch in Fabeln Mitternacht wird. Von meinen hohen Fenstern aus höre ich in der allumfassenden Stille die Marangona, die große Glokke des Campanile, die noch *ein*mal geläutet wird, umflorte, schwere, befehlende Schläge. Die Stadt am Wasser wird geschlossen, dies ist das Ende aller Geschichten, geh schlafen. Keine Bewegung mehr auf dem reglosen Wasser dort unten, keine Stimmen, keine Schritte. Der Doge schläft, Tintoretto schläft, Monteverdi schläft, Rilke schläft, Goethe schläft, die Löwen, Drachen, Basilisken, die Standbilder von Heiligen und Helden, alle schlafen sie, bis die ersten Schiffe mit Fisch und frischem Gemüse eintreffen und die Sinfonie der hunderttausend Füße von neuem beginnt.

Zinkfarbenes Licht, der Maler weiß noch nicht, was er mit diesem Tag anfangen soll, so lassen, mehr Kupfer, grünlich verfärbt, hineingeben, das Grau stärker betonen oder aber mehr Licht über alles fließen lassen. Fledermauswetter, und als es zu regnen beginnt, spannt jeder seinen Regenschirm auf, verwandelt sich in seine eigene Fledermaus. Fünf Minuten später scheint die Sonne wieder, der Wind bläst über die Riva degli Schiavoni, das Wasser ist erregt wie eine ner-

vöse Schauspielerin, ich rieche das Meer zu meinen Füßen, denn ich habe mich auf eine kleine Holztreppe gesetzt, die ein Stück weit ins Wasser hinausragt. Hier hat Petrarca gewohnt, habe ich hinter mir gelesen, l'illustre messer Francesco Petrarca essendogli compagno nell'incantavole soggiorno l'amico Giovanni Boccaccio, und jetzt möchte ich sehen, was sie sahen, wenn sie vor dem Haus standen, die beiden Meister mit ihren beobachtenden Augen. Die Spitze am Ende des Sestiere Dorsoduro, wo jetzt zwei Atlanten die goldene Weltkugel auf dem Turm der Dogana stützen müssen, aber die gab es damals noch nicht. Punta del Sale hieß die Spitze früher wegen der vielen Salzspeicher an der Zattere. Und genau gegenüber, auf der kleinen Insel, auf der jetzt die klassizistische Gewalt der San Giorgio Maggiore steht, befand sich eine Benediktinerabtei, die, wenn die beiden jetzt neben mir stünden, auf rätselhafte Weise verschwunden wäre. Wie sollte ich ihnen das erklären, Palladio? Das Heimweh nach den reinen Linien des vorchristlichen Roms, das diese riesigen triumphalen Tempel über ihre bescheidene, wahrscheinlich präromanische, wahrscheinlich im Jahr 982 aus Backstein errichtete Abtei gebaut hatte, genauso wie das gleiche heidnische Heimweh auch die ebenso stolze Kirche Il Redentore ein paar hundert Meter weiter auf La Giudecca gebaut hatte sowie die Santa Maria della Salute gleich jenseits der Dogana am Canal Grande. Nur die San Marco würden sie, zumindest der Form nach, wiedererkennen, der Rest wäre eine Vision, etwas, das auf geheimnisvolle Weise wie eine vorstellbare Vergangenheit und gleichzeitig wie eine undenkbare Zukunft aussah. Doch dies sind schon wieder die Träume des Anachronismus, und diesmal sind es verbotene Träume, denn während ich hier sitze und über sie nachsinne, sehe ich, wie ein kleines Polizeiboot um mich herumfährt, umdreht, zurückkommt, manövriert, wie es nur die auf dem Wasser geborenen Venezianer fertigbringen. Der Carabiniere streckt den Kopf heraus und sagt, daß ich da nicht sitzen darf: Ich befinde mich auf meiner Kokosmatte vier Meter zu weit von der Küste entfernt, dies ist Zona Militar! Gehorsam erhebe ich mich, ich kann ja schlecht erklären, daß ich mich gerade mit Petrarca und Boccaccio unterhalte, und mit den Seestreitkräften der Serenissima ist nicht zu spaßen, da braucht man nur an allen Küsten dieses Meeres zu fragen!

Es geschieht unweigerlich. Man ist den ganzen Tag in der Accademia umhergewandert, hat einen Quadratkilometer bemalte Leinwand gesehen, es ist der vierte, sechste oder achte Tag, und man hat das Gefühl, daß man gegen einen mächtigen Strom von Göttern, Königen, Propheten, Märtyrern, Mönchen, Jungfrauen, Ungeheuern geschwommen ist, die ganze Zeit mit Ovid, Hesiod, dem Alten und dem Neuen Testament unterwegs gewesen ist, daß einen die Viten der Heiligen, die christliche und die heidnische Ikonographie verfolgen, das Rad der Katharina, die Pfeile des Sebastian, die geflügelten Fersen des Hermes, der Helm des Mars und sämtliche Stein-, Gold-, Porphyr-, Marmor-, Elfenbeinlöwen es auf einen abgesehen haben. Fresken, Tapisserien, Grabmale, alles ist mit Bedeutung befrachtet, verweist auf tatsächliche oder ersonnene Geschehnisse, Heerscharen von Meeresgöttern, Putten, Päpsten, Sultanen, Condottieri, Admiralen, die alle beachtet sein wollen. Sie sausen an den Decken entlang, blicken dich mit ihren gemalten, gewirkten, gezeichneten, gebildhauerten Augen an. Manchmal sieht man dieselben Heiligen mehrmals an einem Tag, in gotischer, byzantinischer, barocker oder klassischer Vermummung, denn Mythen sind mächtig, und die Helden passen sich an, ob Renaissance oder Rokoko, ist ihnen egal, sofern man nur schaut, sofern nur ihr Wesen intakt bleibt. Einst waren sie damit betraut, die Macht ihrer Herren zum Ausdruck zu bringen in einer Zeit, in der jeder wußte, was sie verkörperten, Tugend, Tod oder Morgengrauen, Krieg, Offenbarung, Freiheit, sie spielten ihre Rolle in den Allegorien, die ihnen gewidmet waren, sie erinnerten an Bekenner und Kirchenväter, Feldherren und Bankiers; jetzt ziehen andere Heerscharen an ihnen vorbei, die der Touristen, die ihre Bildsprache nicht mehr verstehen, die nicht mehr wissen, was sie bedeuten oder bedeutet haben, nur ihre Schönheit ist geblieben, das Genie des Meisters, der sie erschaffen hat, und so stehen sie da, ein Volk steinerner Gäste, winken von Kirchenfassaden, beugen sich vor aus den Trompe-l'œuils der Palazzi, die Kinder von Tiepolo und Fumiani sausen durch die Luft, und wieder wird der heilige Julian enthauptet, wieder wiegt die Madonna ihr Kind, wieder kämpft Perseus mit der Medusa, spricht Alexander mit Diogenes. Der Reisende weicht zurück vor all dieser Gewalt, will kurzzeitig nichts mehr, nur auf einer Steinbank am Ufer sitzen, zuschauen, wie ein Ohrentaucher im grünlichen Brackwasser nach Beute sucht, auf die Bewegung des Wassers blicken, sich in den Arm kneifen, um sicher zu sein, daß er selbst nicht gebildhauert oder gemalt ist. Könnte es sein, denkt er, daß es in Venedig mehr Madonnen gibt als lebende Frauen? Ob jemand weiß, wie viele gemalte, gebildhauerte, in Elfenbein geschnittene, in Silber ziselierte Venezianer es eigentlich gibt? Und angenommen, denkt er, aber das kommt nur daher, weil er so müde ist, sie erhöben sich einmal alle zur gleichen Zeit, verließen ihre Rahmen, Nischen, Predellen, Sockel, Teppiche, Dachgesimse, um die Japaner, Amerikaner, Deutschen aus ihren Gondeln zu jagen, die Restaurants zu besetzen und mit ihren Schwertern und Schilden, ihren Purpurumhängen und Kronen, Dreizacken und Flügeln endlich den Lohn für zehn Jahrhunderte treuer Dienste einzufordern?

Ein Tag kleiner Dinge. Trotz Kälte und Wind auf dem Vordeck des Vaporetto sitzen, vom Regen gegeißelt, von der Anlegestelle aufs Deck springen und vom Deck auf die Anlegestelle, wünschen, man würde jeden Tag so befördert, stets das sich bewegende Element Wasser um sich herum, die Verheißung des Reisens. Einst, im Jahr 1177, hatten die mächtigen Venezianer Barbarossa gezwungen, hier in der Vorhalle der San Marco Papst Alexander den Fuß zu küssen und Seiner Heiligkeit danach draußen auf der Piazza in den Steigbügel des päpstlichen Maulesels zu helfen. Zum Dank dafür hatte der Papst dem Dogen einen Ring geschenkt, mit dem er sich jedes Jahr am Himmelfahrtstag mit dem Meer vermählen konnte: »Wir vermählen uns dir, Meer, zum Zeichen der wahren und dauernden Herrschaft.« Die See hat ihren jeweils neuen, aber immergleichen Gemahl danach vielfach betrogen, doch in einer Hinsicht ist sie treu geblieben: Immer noch liegt jeden Morgen ein Silberschatz auf den Steintischen des Fischmarkts, *orata* und *spigola*, *capone* und *sostiola*, und all die anderen Farben, die Sepia, die mit Tinte beschmiert ist, als hätte der Schriftsteller lange herumprobiert, die noch lebende, sich windende *anguilla*, rot von Blut durch die Kerben des Hackmessers, die Krabbe, die mit ihren acht Beinen noch immer nach dem Leben sucht, die lebenden Steine der Austern, Mies- und Herzmuscheln – jeder Mensch des Mittelalters würde sie wiedererkennen, wie er auch die Pescheria wiedererkennen würde, die hier schon mehr als tausend Jahre am Canal Grande nahe der Rialtobrücke liegt, neben der ältesten Kirche Venedigs, der San Giacometto. Ich bin unter der viel zu großen Uhr mit dem einen Zeiger und den 24 mächtigen römischen Ziffern hineingegangen, vorbei an den fünf schlanken Säulen mit ihren korinthischen Kapitellen, die schon seit dem Jahr 900 auf Fisch und Gemüse herabblicken. Wenn ich meine Reiseführer richtig verstanden habe, wurde hier drinnen alles gründlich umgebaut, doch dies ist nicht der Moment, mich mit Kunstgeschichte zu befassen. Ein alter Priester im grünen Meßgewand erteilt seinen Gemeindemitgliedern den Segen und schickt sich an, noch etwas zu sagen. Die kleine Kirche ist voll, gleicht einem Wohnzimmer, in dem die Bewohner ihre Mäntel anbehalten haben. Sie sind unter sich, sie kennen einander, es scheint, als wüßten sie, daß an diesem Ort schon seit fünfzehnhundert Jahren gebetet wird, als hätten sie selbst noch am Sterbelager der römischen Götter gestanden und hätten von draußen das eigenartige Getöse der Reformation, der Französischen Revolution, das Rasseln eines eisernen Vorhangs und das Geschrei aus dem Sportpalast gehört. Hier drinnen hatte sich währenddessen nichts geändert. Jemand, der später in Turin einen Esel umarmt hatte, soll behauptet haben, Gott sei tot, doch sie hatten sich weiter mit denselben Worten an ihn gewandt, mit denen sie das schon immer getan hatten, und jetzt schlurfte der alte Mann zum Altar des hl. Antonius, hielt eine Reliquie des Heiligen in die Höhe, ein Knöchelchen oder ein Stückchen Kutte hinter Glas, das konnte ich nicht richtig erkennen. Der Priester bittet den großen Wüstenheiligen, uns in unserer *debolezza* beizustehen. Als ich dieses Wort später sicherheitshalber nachschlage, sehe ich, daß es Schwäche bedeutet, eine nicht unangemessene Beschreibung. Hinterher unterhalten sich die Männer noch eine Weile unter den sechs Ewigen Lichtern, in denen hinter roten Scheiben ein brennendes Ölflämmchen glüht. Der Priester geht, gehüllt in eine viel zu dünne Plastikjacke über der Soutane, jeder gibt jedem die Hand. Ich werfe noch schnell einen Blick auf den Beichtstuhl. Es hängt nur ein dürftiges violettes Gardinchen davor, der Beichtende hat keine Chance, sich zu verstecken, wer hier seine Sünden flüstert, kann sie genausogut ausrufen lassen. Die Mauern wispern noch Neuigkeiten über die Zunft der Ölumfüller (*travasadori d'olio*), der Getreidesiebmacher und der Lastenträger, über den Dogen, der jahrhundertelang an jedem Gründonnerstag hier-

herkam, um den Heiligen zu ehren, doch ich bin jetzt mit dem größten aller venezianischen Maler in der Scuola di San Giorgio degli Schiavoni verabredet: Vittore Carpaccio. In der Accademia hat er einen eigenen Saal, wo man in seinem Universum gefangen wird, wenn er an allen vier Wänden die Legende der hl. Ursula erzählt, ein Gemäldezyklus, über den man ein Buch schreiben müßte. Hier in der Scuola ist die Pracht nicht geringer, doch heute bin ich in diesen kleinen intimen Raum zurückgekehrt, um ein einziges Gemälde zu sehen, die Vision des größten Heiligen unter den Schriftstellern und des größten Schriftstellers unter den Heiligen: Augustinus von Hippo. Vielleicht, weil auf diesem Bild das Arbeitszimmer eines Schriftstellers abgebildet ist, in das ich am liebsten sofort einziehen würde. Gut, die Mitra auf dem Altar, den Stab, die Christusfigur mit Kreuz und Fahne darf ich mir nicht anmaßen, doch das perfekte Licht, die aufgeschlagenen Bücher, die Partitur, die Muschel, dem Anschein nach ein Mitglied aus der Familie der Cypraeidae, die prachtvoll gebundenen Mappen an der linken Wand, die möglicherweise Manuskripte bergen, der drehbare Bücherständer, der die Neugier erregende Brief, der irgendwo mitten auf dem Fußboden liegt, und das flauschige weiße Hündchen mit den vorgestreckten Vorderbeinen, der hochgereckten Nase und den beiden kirschschwarzen klaren Augen, nein, wer hier nicht schreiben kann, braucht es gar nicht erst irgendwo sonst zu versuchen. Der Heilige selbst ist im geheimnisvollsten aller Momente ertappt worden, dem der Inspiration. Er hat die Feder erhoben, Licht strömt herein, er hört, wie die Wörter sich formieren, und weiß schon fast, wie er sie niederschreiben wird; eine Sekunde später, wenn Carpaccio weg ist, taucht er seine Feder in die Tinte des Tintenfischs und schreibt den Satz, der jetzt in allen Bibliotheken der Welt in einem seiner Bücher bewahrt ist.

Ende. Ein letzter Tag, der in einem anderen Jahr wieder ein erster sein wird, denn zwischen Venedig und Venedig darf viel vergessen werden. Jetzt will ich die Toten aufsuchen. An den Fondamenta Nuove nehme ich das Vaporetto, das zur Toteninsel San Michele und dann weiter nach Murano fährt. In einer wunderbaren Novelle von Alejo Carpentier, *Barockkonzert*, kommt eine Szene vor, in der Händel und Vivaldi, der rote Priester, nach einer wilden karnevalesken Nacht voller Musik und Wein mit ein paar Leuten auf der Toteninsel frühstücken. Sie essen und trinken, »indes der Venezianer, an einer Scheibe in Essig, Thymian und rotem Pfeffer gebeiztem Wildschweinschinken kauend, ein paar Schritte ging und plötzlich stehenblieb vor einem Grab in der Nähe, das er schon seit einiger Zeit betrachtet hatte, weil darauf ein in dieser Gegend ungewöhnlicher Name prangte. ›Igor Strawinsky‹, sagte er buchstabierend. ›Stimmt‹, sagte der Deutsche, seinerseits buchstabierend. ›Er wollte in diesem Friedhof ruhen.‹ – ›Ein guter Musiker‹, sagte Antonio, ›aber manchmal sehr altmodisch in seinen Vorhaben. Er inspirierte sich an den altgewohnten Themen: Apollo, Orpheus, Persephone – wie lang noch?‹ – ›Ich kenne seinen *Oedipus Rex*‹, sagte der Deutsche. ›Manche behaupten, daß er am Schluß des ersten

Aktes – *Gloria, gloria, gloria Oedipus uxor!* – an meine Musik anklingt.‹ – ›Aber … wie konnte er auf die seltsame Idee verfallen, eine weltliche Kantate auf einen lateinischen Text zu schreiben?‹ sagte Antonio. ›Auch sein Canticum Sacrum haben sie in San Marco gespielt‹, sagte Georg Friedrich. ›Darin kommen Melismen in einem mittelalterlichen Stil vor, den wir längst hinter uns gelassen haben.‹ – ›Das kommt daher, daß diese sogenannten avantgardistischen Musiker sich unglaublich anstrengen zu erfahren, was die Musiker der Vergangenheit machten, manchmal versuchen sie sogar, ihre Stile zu erneuern. Darin sind wir weit moderner. Mir ist es scheißegal, wie die Opern, die Konzerte vor hundert Jahren waren. Ich mache meine Musik nach bestem Können und Vermögen und punktum.‹ – ›Ich denke wie du‹, sagte der Deutsche, ›obwohl man auch nicht vergessen sollte, daß …‹ ›Hören Sie doch auf mit dem blöden Zeug‹, sagte Filomeno und nahm einen ersten Schluck aus einer frisch entkorkten Flasche. Und die vier streckten wieder die Hände in die Körbe des Ospedale della Pietà, die wie mythologische Füllhörner sich nicht leeren wollten. Als aber die Stunde der Quittenkonfitüre und des Nonnenzwiebacks schlug, verflogen die letzten Morgenwolken, und die Sonne schien prall auf die Grabsteine, die weiß unter dem Dunkelgrün der Zypressen leuchteten. Als sei er durch das viele Licht größer geworden, war der russische Name deutlich zu lesen, der ihnen so nahe war.«

Die Öffnungszeit ist fast vorbei, als ich am Friedhof ankomme. Ich gehe am Pförtner vorbei, erhalte eine Landkarte des Todes mit den Wohnungen von Strawinsky, Diaghilew,

Ezra Pound und dem frisch dazugetippten Joseph Brodsky. Ein ungelegener Moment, alle schlafen, und ich lege fast so etwas wie Eile an den Tag. Ich gehe an den Kindergräbern vorbei, Marmorgebäuden für Seelen, die nur einen einzigen Tag gelebt haben, und Jungenporträts, in deren Augen man noch den unsichtbaren Fußball sieht, über die Trennungslinie zwischen den Militari del Mare und jenen de la Terra, als ob diese Unterschiede dort, wo sie jetzt sind, noch zählten, und gelange so in den evangelischen Teil, stumpfe Säulen, bemooste Pyramiden, die dem 19. Jahrhundert eigene Grammatik des Todes, Palmen, Zypressen, die meisten Gräber sind bereits selbst gestorben, die Inschriften unlesbar, Dänen, Deutsche, Konsuln, Adel, und zwischen alldem die beiden Grabplatten von Olga Rudge und Ezra Pound in einer niedrigen herzförmigen Einfriedung aus Pflanzen, und nicht weit davon ein kleiner Hügel aus fast sandfarbener Erde mit ein paar Sträußen verwelkter, vermoderter Blumen und ein dünnes, schlichtes Kiefernkreuz mit Kieselsteinen auf den Armen, Joseph Brodsky. Im Reparto Greco hinter der Mauer liegen zwischen russischen Prinzen und griechischen Dichtern Igor und Vera Strawinsky. Händel und Vivaldi sind gerade gegangen, doch ihre Blumen haben sie hiergelassen, auf jedes der beiden Gräber eine rosa Rose und eine blaue Iris gekreuzt hingelegt. Ich überlege, wie viele Jahre es her ist, seit ich Vera Strawinsky in New York fragte, ob Strawinsky am Ende seines Lebens, als er bereits über neunzig war, die häufigen Reisen nach Venedig nicht anstrengend fand, woraufhin sie mit diesem strahlenden russischen Akzent rief:

Ach, you don't understand! Strawinsky, he LOFTE the FLYINK!!

Eine mechanische Stimme aus dem Totenreich schallt über die Insel, ein Herold, so polyglott wie der Papst. Auf deutsch, englisch, russisch, japanisch werden wir gebeten, die Toten nun ruhen zu lassen, die Tore werden geschlossen. Lauft, *ragazzi*, lauft, rufen die Totengräber, die mit ihren geübten Ohren das Vaporetto bereits gehört haben, und so laufen wir alle zur Anlegestelle, als wäre einer mit einer Sense hinter uns her. Als wir auf dem offenen Wasser sind, sehe ich auf der einen Seite Murano, auf der anderen Venedig. Die orangefarbenen Lichter, die die Fahrrinne markieren, sind angegangen, wie Schemen schwimmen die beiden Inseln, die große und die kleine, auf dem dunklen Wasser, und dann kommt plötzlich der kupferne Schlag des Sonnenuntergangs hinter einer schwarzen Wolke hervor, der die Stadt vor mir zehn Sekunden lang in eine apokalyptische Glut taucht, als hätte dieser Traum da unten nun lange genug gedauert.

1998

III

I

Ich habe eine schier unermeßlich große Karte der Lagune von Venedig gekauft, weil ich versuchen will, die Stadt auf ihre richtigen Proportionen zurückzuführen, ein merkwürdiges Unterfangen. Ich weiß, daß ich dort morgen, aus der Luft kommend, eintreffen werde und daß ich mich der Stadt, die ich schon oft besucht habe, diesmal über das Wasser nähere. Auf der Karte beträgt das Verhältnis Wasser zu Stadt vielleicht tausend zu eins, in dem endlosen Blau ist die Stadt zu einem Städtchen geschrumpft, einer kleinen geballten Faust auf einem ausgebreiteten Tuch, was den Anschein erweckt, diese ganze Leere habe in einem Augenblick der Wut die Stadt hervorgebracht, die sie später beherrschen wird. Die mexikanische Schriftstellerin Valeria Luiselli erblickt in meiner Faust eine gebrochene Kniescheibe, und wenn ich genau hinschaue, muß ich ihr recht geben. Aus der Höhe von Google Earth betrachtet wird das noch deutlicher, der Canal Grande ist die Bruchlinie im Knie, das bröselige, zerstückelte Labyrinth ringsum der Knochen der Stadt, in der ich mich morgen wieder verirren werde, wie jeder, der von außerhalb kommt, sich in ihr verirren muß, die einzige Möglichkeit, sie kennenzulernen. Ich habe hier an den unterschiedlichsten Adressen logiert, manchmal in alten Hotels, meist in schmalen, dunklen Gassen, in Teilen eines Palastes, der nie aussah wie ein Palast, mit heruntergekommenen Treppenhäusern, kleinen Zimmern mit gerade mal einem Fenster, das Aussicht bot auf ein dem Anschein nach unbewohntes Hinterhaus, obwohl doch an einer kümmerlichen Wäscheleine zwei gefrorene Slips in der stillen Kälte hingen. Einmal auch der Blick auf das Wasser eines unbekannten Seitenkanals, auf dem jeden Tag zur selben Zeit ein mit Obst und Gemüse beladenes Boot vorbeifuhr. Diesmal ist es nicht Winter, sondern September, und jeder Traum von einer leeren Stadt verfliegt bereits bei der Ankunft: Venedig gehört der ganzen Welt, und die ganze Welt hat sich eingefunden, falls ein Proust oder ein Thomas Mann, ein Brodsky oder ein Taine darunter ist, ist er jedenfalls nicht zu erkennen, es sind anrückende Heerscharen, die in dieser Jahreszeit unterwegs sind, die chinesische Armee, die japanische Armee, die russische Armee, wer sein eigenes Venedig finden will, muß hartnäckig sein und entschlossen, angetan mit einem unsichtbaren Panzer, und demütig daran denken, daß er für jeden einzelnen all dieser anderen auch nur ein anderer ist, der ihm vor die Füße läuft und im offenen Mittelteil des Vaporettos unangenehm eng an ihn gedrückt steht, ohne sich an irgend etwas festhalten zu können.

Doch soweit ist es noch nicht. Ich bin gerade erst angekommen und habe gleich drei der vier Elemente in meine Reise gemengt: Ich kam aus der Luft und ging auf der Erde zum lichtbeglänzten Wasser, vor dem ich jetzt stehe und an einer Anlegestelle auf ein Taxi warte. An das vierte Element, Feuer, wage ich mich nicht heran, auch wenn die Sonne im schaukelnden Wasser flammt, der heutigen Beschreibungskunst sind schließlich Grenzen gesetzt, Grenzen, die etwas mit der Geduld des neuen Lesers zu tun haben. Vor meiner Abreise habe ich mir ein Buch von Hippolyte Taine aus dem Jahr

1866 gekauft, die Passagen, die ich angestrichen hatte, handeln vom Glanz in der Bewegung des Wassers, und auch das ist eine Lektion in Demut, denn in Taines Beschreibung glänzt das Wasser tatsächlich; jetzt, während ich hier stehe, erkenne ich, wie schwer es ist, das zu tun, was das neunzehnte Jahrhundert noch ohne Hemmung tat – minuziös bis ins letzte Detail hinein impressionistisch beschreiben, was es zu sehen gibt. Das Taxi macht meinen Überlegungen ein Ende, es bricht das Wasser der weiten Lagune auf, fliegt entlang der geometrischen Linie der Duckdalben über das, was der Canale di Tessera sein muß, und springt auf die Stadt zu, ich sehe die Silhouetten der bekannten Türme, habe für einen Moment das Gefühl, nach Hause zu kommen, wir sausen an Murano vorbei und dicht an der Toteninsel San Michele, biegen dann beim Arsenale ein, mit einemmal langsam entlang den hohen Kaimauern aus Backstein, und dann schräg über den Canale di San Marco zur kleinen Insel San Giorgio, auf der ich diesmal wohnen werde. Daß die Glocken der gigantischen Kirche San Giorgio sofort zu läuten beginnen, ist nicht meine Schuld, es ist sechs Uhr abends, Zeit fürs Angelus. Über das Wasser höre ich nun auch die Glocken der Kirchen San Marco und Il Redentore, in einem Kreuzfeuer aus Klängen stehe ich auf dem großen, offenen Platz vor dem Gotteshaus und sehe einen Mann, der auf Knien mit einer viel zu kleinen Stahlbürste die Algen, die sich dicht unter der Wasseroberfläche auf den Treppen gebildet haben, wegzuschrubben versucht, Zentimeter um Zentimeter, eine Sisyphusarbeit, die mehr mit der Ewigkeit zu tun zu haben scheint als mit der

Welt, aus der ich heute gekommen bin. Eine Stunde später gehe ich, nachdem ich den Koffer in meine Klosterstube gebracht habe, in die riesige, noch geöffnete Kirche. Es ist einer dieser Räume, in denen man unwillkürlich zur Seite weicht, die Leere in der Mitte ist gefährlich. Ob Menschen hier beten können, weiß ich nicht, hier gibt es keine Spur der Intimität romanischer Kirchen, es ist eine Raumstation für die Reise zum Mars, hier herrscht ein anderer, klassischer und martialischer Gott in dem Haus, das Palladio für ihn entworfen hat, selbst die großen Flächen der im Halbdunkel kaum sichtbaren Tintorettos ordnen sich in das mathematische Gefüge aus unerbittlichen Linien ein. Ich weiß, daß sich hinter dem mächtigen Hauptaltar ein prachtvolles flämisches Chorgestühl befinden muß, doch als ich dorthin gehen will, hält mich der Klang von Stimmen davon ab, ein leises, aber quengeliges Gemurmel von Altmännerstimmen. Einst war dies ein Benediktinerkloster.

Später, nachdem die Mönche vertrieben waren, geriet alles in Verfall, heute beherbergt die Insel eine Stiftung, bei der ich in diesen Tagen wohnen darf, aber die Mönche sind in ihr geschrumpftes Kloster zurückgekehrt; von den vielen Chorstühlen sind vier besetzt, ich habe mich in der um sich greifenden Dunkelheit so hingestellt, daß ich die Männer während ihrer Vespergebete sehen kann. Ihre Stimmen mit dem gregorianischen Summen ertrinken in den Ausmaßen des Gebäudes, der Gegensatz zwischen klassizistischer Pracht und hilflos bittendem Flüstern ist nicht ohne Pathos, hier herrscht eine Atmosphäre unwiderruflichen Abschieds, und als ich auf

Zehenspitzen die Raumstation verlasse, höre ich hinter mir das immer schwächer werdende Echo einer endgültig vergangenen Zeit. Draußen sehe ich die Lichter des großen Platzes auf der gegenüberliegenden Seite und die Boote auf dem Wasser, die von der Riva degli Schiavoni nach Giudecca fahren. Ich bin angekommen.

II

Wie wäre es, für immer hier zu leben? Ich erinnere mich, daß mich diese Frage beschäftigte, als ich vor nunmehr fast fünfundzwanzig Jahren eine Zeitlang im von Mauern umschlossenen Berlin wohnte. Man konnte hinaus, wenngleich es nicht einfach war. Nach einiger Zeit gewöhnte man sich daran, und dennoch war im Hintergrund das Gefühl des Eingeschlossenseins stets gegenwärtig. Die Situation ist nicht vergleichbar, die Mauer um Venedig ist nicht aus Stein, sondern aus Wasser, wenn ich morgens ins Freie trete, fällt mein Blick nicht auf Beton und Backstein, sondern auf eine weite, freie Fläche, und trotzdem wirkt die an sich wohltuende Abwesenheit von Bussen, Autos und Verkehrsampeln geheimnisvollerweise auch wie eine unsichtbare Trennung vom Rest der Welt, und ich verspüre ein Gefühl der Befreiung, als ich bei der Fondamenta Nuove stehe und auf das Vaporetto nach Torcello warte. Damit kein Mißverständnis aufkommt – ich bin glücklich in Venedig, aber es ist ein Glück mit Beigeschmack, vielleicht aufgrund der geballten Vergangenheit, des

Übermaßes an Schönheit, des Zuviels an Glück, der Spannung in diesem Labyrinth, das einen mitunter mehrmals am Tag irgendwo in einem geschlossenen Hof, vor einer Backsteinmauer oder vor einem Gewässer ohne Brücke stehen läßt, wodurch, was sich öffnen sollte, sich plötzlich als verschlossen erweist und man umkehren muß, zurück dorthin, woher man kam. Für einen Augenblick hielt die Stadt einen fest, einen Moment lang war man die Fliege im Spinnennetz, Borges' Gefangener, auf Abstand gehalten durch ein Netz aus tausend Kirchen und Palästen, eingezwängt von schmalen, dunklen Gassen, und jetzt ist das auf einmal vorbei, man steht im Licht des Kais, sieht Schiffe, die sich kreuz und quer durch dieses Licht bewegen, und dahinter, in der Glut des Septembers funkelnd, die Miniatur Murano. Näher, praktisch gegenüber, liegt die Toteninsel San Michele mit den hohen Zypressen als Wächtern; das ist nicht traurig, weil man weiß, daß dort Brodsky, Strawinsky und Diaghilew in der Nähe des Grabes von Ezra Pound liegen und bis zum Ende aller Zeiten russische Lieder summen.

Auf der großen Karte der Lagune hat jeder Quadratzentimeter Wasser einen Namen. Wir fahren durch den Canale dei Marani um Murano herum, vorbei an dem niedrigen Backsteingebäude der Glasbläserei Marco Polo und einer bleichen Pietà in der Außenmauer des Leuchtturms; die Schmerzensmutter blickt geradeaus und trägt eine Krone von derselben Teigfarbe wie der Turm. Die Duckdalben sind an manchen Stellen zu sechsen zusammengebunden, düstere Skulpturen, die eine gewaltige Kraft ausstrahlen. Es kann heftig toben in

der Lagune. Bei Burano müssen wir aussteigen und warten, wenig später kommt das Boot nach Torcello, warum das so ist, habe ich nie verstanden, denn Torcello liegt jetzt fast zum Greifen nahe, man kann den Turm der Maria Assunta bereits sehen.

Immer wenn ich in Venedig bin, muß ich dorthin, es ist, als ginge man durch eine umgekehrte Geräuschbarriere, die Aktualität wird aus einem weggesogen, dies ist leeres, altes Land, nur knapp über dem Wasser gelegen, man mag kaum glauben, daß hier 639, als die erste Kirche auf der Insel erbaut wurde, zwanzigtausend Menschen wohnten, die Bewohner von Altinum, die von lombardischen Angreifern vom Festland vertrieben worden waren und nach ihrer Flucht hier, auf diesem vom Meer geschützten niedriggelegenen Land, wie in einer Festung lebten. Langsam gehe ich den Weg neben dem schmalen Kanal entlang. In einer sanften Biegung steht ein Harmonikaspieler unter einem knallblauen Regenschirm. Die Stelle ist gut gewählt, jeder, der zur Kirche will, muß an ihm vorbei. Er spielt Bach, ich höre die Musik noch, als ich längst vorbei und in einen merkwürdigen kleinen Weg eingebogen bin, eigentlich nur weil es verboten ist. »*Proprietà privata*« steht da zweimal, und »Achtung Hund«, ein Untier mit weit aufgerissenem Maul, einmal in Rot, einmal in Schwarz. An der Tür ist ein großes Schild angebracht, »Designer Foodstylist Hochzeitsplaner«, und dann ein deutscher Name, aber ich möchte heute nicht heiraten und habe Angst vor dem zweifach abgebildeten Hund, und was ein Foodstylist ist, will ich schon gar nicht wissen, mir genügen die ersten Gerüche des Herbstes, die vertrockneten Brombeersträucher, die ihre dornenbewehrten Ranken um den Stacheldraht gewickelt haben. In der Ferne sehe ich noch den blauen Regenschirm des Harmonikaspielers wie eine tropische Blume in der Landschaft, doch als keine Leute mehr auf dem Weg gehen, hört der Mann auf zu spielen, und es gibt nur noch das Geräusch des Windes und des Bootes, das wieder abgelegt hat.

Nach Torcello kommt man des byzantinischen Echos der Kathedrale wegen. 639 erbaut, Umbau im Jahr 864 und noch einmal 1008, wobei frühere Elemente intakt geblieben sind. Es ist einer jener eigenartigen Räume, in denen man das Gefühl hat, an Gewicht zu verlieren, als würde man, weil dieser ganze lichte Raum zu schweben scheint, selbst ein wenig über dem Marmor und den Mosaikfußböden schweben. Hier ist das Licht eingesetzt worden, als wäre es ein Material, es hat seine Farbe den schlanken Säulen gegeben, die das Gebäude in die Höhe heben, man wird wie von selbst nach vorn gesogen, zur Ikonostase, die auf noch leichteren Säulen über einer geschlossenen Marmorbalustrade aus sich gegenüberstehenden Pfauen und Löwen ruht. Im Boden das Grab eines Bischofs, eine Gestalt aus fast fließendem Stein, der in seinen Gewändern dort nun schon tausend Jahre lang schläft. Wenn er die Augen aufschlägt, blickt er über den Altar hinweg in ein Halbkuppelgewölbe aus Tausenden kleiner goldener Steinchen, Hintergrund für eine hohe, strenge, byzantinische Maria; schräg über ihr an diesem goldenen Himmel ein Engel mit sonderbar gesprenkelten Füßen, der mit seinen Flügeln fast die schlichte Seitenwand aus Backstein berührt, was einem das Gefühl vermittelt, hier komme die Welt von Byzanz zum erstenmal mit der von Venedig in Berührung, mit der sie später noch so viel mehr zu tun haben wird. Maria blickt durch die gesamte Kirche auf die Westwand ihr gegenüber, auf der das Jüngste Gericht dargestellt ist. Dort kann sie sich noch einmal selbst sehen, aus dem stilisierten goldfarbenen Kind, das sie in ihrer goldenen Kuppel auf dem Arm trägt, ist jetzt ein strenger Gott geworden, der mit einem griechischen Kreuz in der Linken die Welt regiert; über dem Kopf seiner Mutter tief unter ihm – alles ist doppelt in dieser Kirche – sind Teufel und Engel damit beschäftigt, die Seelen zu wiegen. Jenen, die zu wenig wiegen, ergeht es schlecht, daran haben sich die namenlosen Künstler vor tausend Jahren mit ihren kleinen Steinchen nach Herzenslust ausgetobt. Die Glückseligen stehen rechts, sie haben geschlechtslose beigefarbene Körper mit einem großen Komma als Nabel und vollbringen Merkwürdiges mit ihren Händen, wahrscheinlich aus Freude, daß sie das Schicksal der Verdammten neben sich nicht erleiden müssen. Zwei von diesen stehen bis zum Nabel in den Flammen, der dritte, ein etwas älterer Mann mit würdevollem grauen Haar und Bart, dem man keineswegs zutraut, je eine Sünde begangen zu haben, sitzt mehr oder weniger bequem mit seinem nackten Körper im hoch auflodernden Feuer, dargestellt durch lange Zungen aus roten und schwarzen Steinchen. Sie sehen merkwürdig ungerührt aus, als könne ein steinernes Feuer keine Schmerzen verursachen, was vermutlich auch so ist. Darunter geht es schlimmer zu, dort schweben Totenköpfe ohne den Rest eines Skeletts durch die schwarze Finsternis der Ewigkeit, mit langen, schlierigen weißen Würmern, die sich in ihren leeren Augenhöhlen winden. Abschreckend ist dies alles nicht, eher eine Feststellung denn eine Drohung: Wenn du dich nicht benimmst, passiert dir genau das. Viele Meter hoch ist diese Wand, eine ganze Lehre ist auf ihr abgebildet, Theologie, Heilsgeschichte, Traumbild, Eschatologie, es dauert lange, bis man alles in sich aufgenommen hat, doch wenn man sich dann wieder umdreht, ist da das um soviel reizvollere Bild des lichten Raums der Kirche selbst, mediterranes Licht, in dem sich Schuld, Strafe, Buße und apokalyptische Weissagungen auf der Stelle auflösen und das sich draußen im herbstlichen Septembermittag der Lagune fortsetzt. Die Lehre auf dieser Wand war zu dem Zeitpunkt, als die Künstler sich an die Arbeit machten, erst etwas mehr als tausend Jahre alt, genug, um zu einer Vorstellungswelt zu gelangen, die davor so nie existiert hatte, und als wollte ich mir nicht nur eine Lektion in Kunstgeschichte, sondern auch in den Metamorphosen von Religionen erteilen, gehe ich sofort, nachdem ich mit dem Vaporetto wieder an der Fondamenta Nuove angekommen bin, in die Kirche I Gesuiti, wo sich dieselbe Religion in die barocke Formensprache der Zeit siebenhundert Jahre später gekleidet hat, was vielleicht um so ironischer ist, als diese Jesuitenkirche denselben Namen trägt wie jene auf Torcello, Santa Maria Assunta, doch alles, was dort intim ist und von einer antiken Frömmigkeit, ist hier extrovertiert, theatralisch, ein nach außen gerichteter Machtanspruch. Am schönsten sind vielleicht noch die tanzenden Gestalten oben am Giebelrand, als befände sich dort in der Höhe eine frivole Diskothek, in der die Heiligen mit ihren schwingenden Gewändern zu einem Allegro molto von Vivaldi tanzen, das wir hier unten nicht hören können. Drinnen ist es nicht anders. Im deutschen Fernsehen gibt es neuerdings Untertitel für Gehörlose, und bis jemand mir erklärte, daß man sie mit einer einfachen Handbewegung löschen kann, habe ich sie eine Zeitlang mit großer Faszination gelesen. Wenn der Verbrecher in eine Kirche flüchtet und keuchend Platz nimmt, steht da »er keucht«, und wenn dann in dieser Kirche eine Orgel zu spielen beginnt, steht in verschwörerischem Ton »Orgelmusik« da. Jetzt bin ich der Verbrecher, denn in dem Moment, als ich die Kirche betrete, setzt leise Orgelmusik ein. Ich kann nichts dafür, der Fernsehzuschauer in mir denkt jetzt ebenfalls »Orgelmusik«, und entsprechend habe ich das Gefühl, mich zu Untertiteln für Gehörlose zu bewegen. Daß ich dabei auch noch an Ignatius von Loyola denken muß, ist mir vermutlich nicht anzusehen. Einst gründete er den Jesuitenorden als strenge, fast militärische Gemeinschaft, doch die Kirche, die seine italienischen Anhänger hier gebaut haben, ist von Strenge weit entfernt. In seiner Lehre sollte das Wort zentral stehen, aber die riesige Kanzel in der Mitte der linken Seitenwand mit Baldachin, Krone und Draperien aus gefältelten, troddelbehängten steinernen Vorhängen hat keinerlei Ähnlichkeit mehr mit einer Kanzel, von der herab Gottes Wort verkündet oder erläutert wird, sondern eher mit der Loge eines Musiktheaters. Der Mann – nie eine Frau –, der auf diesem Balkon sprechen soll, wird wie ein Opernstar präsentiert, dies ist von der Schlichtheit der Kirche auf Torcello so weit entfernt, daß ich keinen Blick mehr für die wundervollen Intarsien und die übrige barocke Pracht in dem riesigen grauweißen Raum habe und auch nicht zu den Gemälden von Palma Giovane in der Sakristei gehe. Der Kopf ist voll, er vermag den Sprung durch die Jahrhunderte nicht mehr mitzuvollziehen, und so sitze ich wenig später in einem wunderbaren kleinen, dunklen Lokal und höre die schönste Begrüßung seit Jahren. Es sind nur wenige Menschen im Raum, zwei ältere Männer mit Seemannsgesichtern, ein verliebtes junges Ehepaar, der Mann hinter der Bar, der mit einem Freund redet und mir gerade ein großes Glas beinahe schwarzroten Wein und ein Schälchen schwarze Oliven gebracht hat. Ich bin eindeutig der einzige Ausländer und sinniere vor mich hin über all die Erscheinungsformen, die die Kirche als Institution im Laufe von zweitausend Jahren angenommen hat, und wie das nun weitergehen soll, als ein fröhlicher Mann hereinkommt und mit strahlendem Lachen an niemanden im besonderen gewandt ruft: *Buona sera, quasi tutti*! Mit mir sitzen sieben Menschen in dem kleinen, dunklen Raum zwischen den großen Weinfässern. »*Quasi tutti*« heißt »fast jeder«. Wen will er also nicht grüßen? Ich habe keinen Komplex, aber bin ich sofort als Tourist erkannt worden? In der Amsterdamer Innenstadt ärgere ich mich auch gelegentlich über all die Touristen, die einem vor die Füße laufen, und in Venedig muß das noch hundertmal schlimmer sein. Guten Abend, fast alle! Ich muß es doch mal in meiner Stammkneipe im Jordaan ausprobieren.

III

Ein altes Taschenbuch. Bräunlich verfärbtes Papier, das ich immer Kriegspapier nenne. Am Anfang des Buchs eine ziemlich graue Karte der Lagune. An drei Stellen stehen handgeschriebene Zahlen auf dieser Karte. Ich hatte das Buch jahrelang nicht mehr zu Gesicht bekommen, die Zahlen stammen aber eindeutig von meiner Hand. Das Buch heißt *Tödliche Lagune*, erschien in der Originalfassung 1994, und ich weiß nichts mehr davon, nur, daß die Hauptfigur ein Polizeikommissar ist namens Aurelio Zen. Nun ist Zen für jemanden, der mal in einem japanischen Zen-Kloster war, an sich schon ein wunderbarer Name, doch in Venedig erhält er noch eine zusätzliche Bedeutung, ich komme später darauf zurück. Beginnen wir mit Seite 171. Diese Zahl steht bei der Stadt Chioggia. Etwas weiter oben auf der Karte habe ich neben einen schmalen, grau gezeichneten Streifen, der in der Lagune liegt, die Zahl 273 geschrieben; auf der Karte liegt rechts das Adriatische Meer und links der Teil der Lagune, der Laguna Morta heißt, mit den Fondi dei Sette Morti. Das heißt: die Tiefen der sieben Toten und die Tote Lagune, nicht eben gemütlich. I Murazzi und Pellestrina ist daneben geschrieben, das ist, wie auf Seite 273 nachzulesen, »eine bizarre Gemeinde, die – drei Kilometer lang und einen Steinwurf breit – auf einer Sandbank im Schatten der Murazzi lag, des massiven Verteidigungswalls, den die Republik vor dreihundert Jahren errichtet hatte«.

Doch vielleicht sollte ich erst einmal etwas erklären. Zu den bekanntesten Krimiautoren, die sich mit Venedig befassen, gehören Michael Dibdin und Donna Leon. Ich lese gern Krimis, am liebsten die in Venedig spielenden, weil ich das Gefühl habe, durch ihre Lektüre mehr von der Stadt zu verstehen. Schließlich kommt man dabei ganz schön herum. Schiffswerften, Krankenhäuser, Paläste, Verbrechen und Korruption findet man überall. Und wenn ich etwas lese über einen jahrhundertealten merkwürdigen Verteidigungswall, dann will ich sofort dorthin, es ist eine Methode, zu den Geheimnissen einer Stadt vorzudringen.

Dibdins Held heißt Commissario Zen, der von Donna Leon Commissario Brunetti, und dieser hat, seit ihre Bücher verfilmt worden sind, sogar ein Gesicht erhalten. Das kann schrecklich sein, wenn die Filmfigur der eigenen Vorstellung nicht entspricht, doch in diesem Fall ist es gutgegangen. Brunetti, seine schöne Frau Paola, die an der Universität von Venedig amerikanische und englische Literatur unterrichtet und von adliger venezianischer Herkunft ist, ihre beiden pubertierenden Kinder, vor allem aber die Meisterin des Internets, die bildschöne, Blumen kaufende Signorina Elettra, die äußerst kluge Sekretärin des ach so dummen Vice-Questore Patta, sind trotz der Tatsache, daß es sie nicht gibt, eine Art Familie für mich geworden.

Bei Aurelio Zen ist das ein wenig anders, aber mit ihm hat es angefangen: Da in Venedig nun einmal alles, was sich nicht per Boot machen läßt, zu Fuß geschehen muß, ist es leicht, den Wegen von Brunetti und Zen zu folgen, daher die Zahlen, die ich in diese Bücher schreibe, damit ich später mit der Karte in der Hand sehen kann, wo sie sich bewegt haben

COMMISSARIATO P.S.
SAN MARCO

und wie. Weil es beide nie gegeben hat, sind sie sich auch nie begegnet, ihr Präsidium dagegen existiert tatsächlich. Und diesmal habe ich vor, es aufzusuchen. Zurück zu Zen. Er ist in Chioggia, etwa zwei Stunden per Boot von der Riva degli Schiavoni entfernt, und er ist nicht allein. Jemand hat zu ihm gesagt: »Im Gegensatz zu Ihnen sind wir wahre Venezianer und stolz darauf!«, und Zen hat im Dialekt gemurmelt: »Aber ich höre, daß deine Oma mit Albanern bumst«, und jetzt sind wir auf Seite 171, und Zen beginnt mit einem Verhör. »Die Polizistin richtete sich auf. ›Fertig‹, erklärte sie Zen, worauf dieser nickte. Die Tonbandspulen begannen sich zu drehen. Zen nannte Datum, Uhrzeit und Ort. ›Anwesend sind Vice-Questore Aurelio Zen und Sottotenente …‹ Er warf einen fragenden Blick zu der Polizistin, einer grazilen, aber ziemlich strengen Brünetten, die es schaffte, ihrer Dienstuniform den Anschein zu geben, als prangte darauf ein Designer-Etikett von einem der besseren Häuser.

›Nunziata, Pia‹, antwortete sie, nachdem sie das Tonband angehalten hatte.

›… und Sottotenente Pia Nunziata‹, fuhr Zen fort.«

Vielleicht würde ich den beiden jetzt am liebsten weiter folgen, aber es ist nicht mein Buch, und ich denke, Michael Dibdin wäre auch nicht damit einverstanden. In meiner eigenen Geschichte mache ich mich nun auf die Suche nach dem Polizeipräsidium, in dem sowohl Zen wie Brunetti arbeiten. In fiktionaler Literatur haben nicht existierende Polizisten zuweilen echte Büros, und wenn ich mich nicht irre, liegt dieses echte Büro am Campo San Lorenzo, gegenüber der verlassenen Kirche San Lorenzo, neben einem Altersheim. Alles richtig. Das Vaporetto hat mich von meinem Kloster auf der kleinen Insel San Giorgio zur Anlegestelle San Zaccaria gebracht, und beschützt von diesen beiden Heiligen suche ich nach dem dritten und verirre mich natürlich prompt. Die Venezianer haben absichtlich Sackgassen angelegt. Das dämmrige kleine Sträßchen nahe der Zaccaria, das auf der Karte keinen Namen hat, kann nicht gemeint sein, ich muß wieder zurück zum Platz vor der Zaccaria (ein Spaziergänger in Venedig ist jemand, der beherzt denselben Weg zurückgeht) und wandere dann tapfer, die Kirche im Rücken, über den Campo San Provolo zur Fondamenta dell'Osmarin, überlege noch, daß alle diese Namen eine Geschichte haben, und will wissen, welche, biege dann vor der Brücke, die zur Calle Madonna führt und das Wasser in den Rio dei Greci und den Rio San Lorenzo teilt, nach links, und schon bin ich da, alles bestens. Folgen Sie mir nur in meinem Chaos, es hat schon seine Richtigkeit. In diesem weiß verputzten Büro hat Aurelio Zen gearbeitet, und meines Wissens arbeitet Brunetti dort noch immer. Wer nicht an Bücher glaubt, hat hier nichts zu suchen. Polizia di Stato, Questura, Commissariato di San Marco steht auf der Mauer. Unter einer der beiden Videokameras ist der weiße Putz abgeblättert, so als stünde das Gebäude in Unterwäsche da. In der Eingangshalle sehe ich ein Schild mit den Worten »Sub Lege Libertas«. Freiheit unter dem Gesetz. Ich brauche nur hineinzugehen und werde zu Papier, dagegen kann man als Schriftsteller nichts haben. Gern würde ich mit Zen einen Espresso trinken und mit Brunetti einen Grappa, ich würde gern sehen, welche Blumen die schöne Elettra heute am Rialto für den Vice-Questore ausgesucht hat, schaue hinauf zu den Fenstern, an denen Brunetti so oft steht, um auf den Campo zu blicken oder über das geheime Netz kleiner und großer Korruption nachzusinnen, in dem diese Stadt gefangen ist und das von Donna Leon so gnadenlos gut beschrieben wird, daß ihre Bücher in allen Sprachen erscheinen, ausgenommen auf italienisch. Ob der Grund dafür wirkliche Angst ist oder ob sie nur weiterhin unbehelligt in ihrer Lieblingsstadt wohnen will – ich weiß es nicht. Brunettis Blick im Rücken, gehe ich über die Brücke zum leeren Platz, doch als ich die Kirche betreten will, gerate ich in eine seltsame Ruine, ein Kunstwerk für sich, eine Apotheose des Verfalls, als wäre hier ein großer, aber negativer Künstler am Werk gewesen, der ein Bündnis mit der Zeit geschlossen hat. Im Ersten Weltkrieg wurde San Lorenzo von einer Bombe getroffen und nie wieder richtig restauriert. Ich schaue in geheimnisvolle Tiefen, sehe freigelegte Mauern, unterirdische Holzwände, ein leeres Tabernakel, einen ausgehöhlten Fliesenboden. Zwischen den einst porphyrfarbenen Säulen links und rechts zwei andere, gemarterte und grau verstaubte Säulen, die Wände lassen an Arte povera denken, unglaublich, welche Braun- und Graunuancen langsamer Verfall anzubringen vermag. Die Girlanden und Engelköpfe, die verrosteten Baugerüste, manchmal sagt Abbruch mehr über einen Stil und ein Gebäude aus als Vollkommenheit. Einst war Marco Polo hier beigesetzt worden, doch man hat sein Grab nicht mehr gefunden, er ist noch immer auf Reisen.

IV

Schaukel. Schaukelschaukel. Schaukelschaukelschaukel. Endlich habe ich mich getraut. Zehnmal in Venedig, und zum erstenmal in einer Gondel. Wenn ich frühmorgens meinen Kaffee an der Ecke der Procuratie Nuove trinke, stehen sie neben mir, die Gondolieri. Große Gespräche über den gestrigen Wettkampf in unverständlichem Dialekt. Es ist kalt auf dem Wasser, da hilft ein warmer *cappuccio*. Draußen liegen ihre schlanken schwarzen Vogelboote in Reih und Glied, die Vogelköpfe (es sind Vogelköpfe, schauen Sie nur genau hin) der Insel zugewandt, auf der ich wohne. Warum wollte ich nie? Weil es das absolute Venedig-Klischee ist? Das wäre kindisch. Wegen der Gesichter der Menschen in den Gondeln? Was ist denn mit diesen Gesichtern? Die unerträgliche Glückseligkeit ob des endlich Erreichten, die ultimative Venedig-Taufe, dank der man für immer dazugehört? In der Gondel zusammen mit Thomas Mann, Marcel Proust, Paul Morand, Henry James, Ezra Pound. Louis Couperus? Ich bin auch ein Berliner, so etwas? Oder: Wenn unsere Nachbarn in Kansas, Bielefeld, Wakayama, Nowosibirsk, Barneveld uns sehen könnten – dieser Ausdruck? Als hätten sie dort unten auf dem Wasser die gesamte Stadt wie einen Umhang um sich drapiert, ein stiller, schaukelnder Augenblick der Erfüllung, Wellenschlag, Wassergeflüster um einen herum auf den ruhigeren Kanälen, hinter einem der unsichtbare Mann, der Fährmann mit seinen rhythmischen, kräftigen Bewegungen. Und dennoch haben die meisten Menschen nicht den richtigen Gesichtsausdruck gefunden, obwohl sie sich alle Mühe geben. Das kann nur daran liegen, daß sie wissen, sie fahren nirgendwohin und werden bald wieder am Ausgangspunkt ankommen. Was für ein Gesicht macht man außerdem schon, wenn man von den Leuten in den Vaporetti, die tatsächlich zu einem bestimmten Ziel fahren, gemustert wird? Nie hatte ich mehr gewagt als das Traghetto, ebenfalls eine Gondel, die aber lediglich von der einen Seite des Canal Grande zur anderen fährt. Schwankend einsteigen, kräftige Hand des Fährmanns, die einen am Arm packt, versuchen, so zu stehen, daß man das Gleichgewicht nicht verliert, oder sich schnell auf das schmale Sitzbrett setzen, um nicht das Gesicht zu verlieren. Gesicht oder Gleichgewicht, darum geht es. Eine Gondelfahrt, nein, die hatte ich noch nie gemacht. Im vergangenen Jahr, als es in Venedig schneite und wir ein kleines Appartement beim Campo San Samuele hatten, auf der an einer Gasse gelegenen Rückseite von etwas, was einst ein Palazzo gewesen sein muß, ein dunkler, verborgener Raum hinter Gittern mit einem Hund, der immer bellte, wenn wir eintraten, und kaum Aussicht aufs Wasser, hatte ich bereits am frühen Morgen Japaner vorbeigleiten sehen, dicht zusammengedrängt unter Regenschirmen, Schnee auf Hüten und Mützen, glückstrahlend. Der Gondoliere sang von der Sonne, während er sich den Schnee aus den Augen wischen mußte. *O sole mio.* Ich bewunderte ihn. Langsam fuhr das Boot vorbei, und ich wußte, diese Fahrt würden sie nie mehr vergessen, ich wollte, ich wüßte das japanische Wort für »nie«. Wenn man nicht in einer Gondel gesessen hat, war man nicht in Venedig, jeder machte ein Foto von jedem, als Beweis. Man kauft in Japan diese Reise inklusive Gondelfahrt. Aber war das ein Grund für mich, es nicht zu tun? Durchnäßte Chinesen im Regen, Amerikaner mit einer Flasche Prosecco? Ich hatte versucht, meiner unsinnigen Haltung eine rationale Ausrede zu unterlegen, eine Gondel ist ein Beförderungsmittel, man benutzt es, wenn man irgendwohin will, wie früher, als es noch keine Vaporetti gab, nur ein bißchen herumzuschaukeln konnte doch nicht Sinn und Zweck sein, obwohl ich sonst ja auch ziellos durch die Stadt streife. Eine noch schwärzere Gondel als gewöhnlich, mit einem Sarg unter einem goldbestickten Tuch, auf dem Weg zur Toteninsel San Michele, das war echt, die Essenz von Beförderung, alles andere war Tourismus, Gedöns, Theater, etwas für andere Leute.

Und jetzt? Jetzt waren wir selbst die anderen und saßen in einer Gondel, schwankend eingestiegen, doch zu schwer, das kleine Boot neigt sich zur Seite, aber die geübte Hand kennt die unbeholfenen Körper, drückt sie auf ein Kissen, die Fahrt kann beginnen, und auf einen Schlag hat sich die Welt verändert, spielt sich über dir ab, man sieht an den Ufern neben sich keine Gesichter, nur Schuhe, die Häuser dehnen sich, und auf einmal entdeckt man alles mögliche, worauf man nie geachtet hat, ein leichtes Wogen hat sich der Stadt bemächtigt, man nimmt die Mauern wahr wie eine lebendige Haut, Verletzungen, Wunden, Narben, Heilung, Alter, Geschichte, schwarze Algen, grüne Algen, die geheimnisvolle Unterseite von Brücken, Marmor und Mauerwerk, die anderen Boote, das Leben auf dem Wasser in einer Stadt aus

Stein und Wasser. Leise nennt der Gondoliere die Namen von Kirchen und großen Häusern, als betete ein alter Priester eine Litanei herunter, der man nicht zuhören muß. Ich versuche dann und wann, unsere Route auf der Karte zu verfolgen, weiß aber schon bald nicht mehr, wo wir sind. Manchmal, wenn wir scharf um die Ecke biegen, ruft er ganz laut »Oi!«, als befänden wir uns in Lebensgefahr, doch ich habe mich längst ergeben, wie ein Kind in der Gebärmutter lausche ich dem Murmeln des Fruchtwassers und will nie mehr geboren werden.

V

Eine Erinnerung. Ein Wintertag. Es hat geschneit auf dem Markusplatz, doch der Schnee ist schnell geschmolzen. Ich stehe in einem der Arkadengänge und blicke auf den nassen Platz, meine das Schmelzwasser langsam wegfließen zu sehen, aber wie in dem Gedicht von Nijhoff erweist sich die Realität als eine andere: Ich sehe nicht, was ich sehe, denn als gäbe es mitten zwischen den Pflastersteinen des Platzes eine Quelle, beobachte ich, wie das Wasser an einigen Stellen langsam steigt, so als wäre die Stadt porös. Ich habe keine Sirenen gehört, die vor ernsthaftem Hochwasser warnen, schlimm kann es also nicht sein, und trotzdem kann ich meinen Blick nicht lösen. Unter dem Pflaster sollte Erde sein, kein Wasser, eine Stadt ist kein Schiff. Oder doch? Ich stehe auf Stein, bin ja nicht Jesus. Aber stehe ich wirklich auf Stein? In der Ferne sehe ich Leute diese eigenartigen Bretterstege herbeischleppen, ich weiß kein anderes Wort dafür, lange Dinger aus Holz auf vier Metallfüßen, auf denen man knapp über der Wasseroberfläche seinen Weg verfolgen kann, ohne durchs Wasser waten zu müssen. Das kann bis zu einem halben Meter hoch steigen, und wenn das geschieht, werden diese Stege zu schmalen Wegen verbunden, auf denen die Fußgänger mit Mühe aneinander vorbeikommen. Schwarz ist der Schlick, der aus den Tiefen der Lagune kommt, Totenwasser aus der Lethe, dem Fluß der Vergessenheit. Ich habe zugeschaut, wenn irgendwo gebaggert wurde, ein Greifer, der in der Tiefe gräbt und pechschwarzen Schlamm erbricht nebst allen möglichen Gegenständen aus dem Totenreich, die die Farbe von trauerndem Wasser angenommen haben, eine Gegenstadt, die dort unten ihre Zeit abwartet. Ist das Wasser wieder gesunken, bleiben die Bretterstege als Memento dafür zurück, daß es auch anders kommen kann, daß der Vollmond von den romantischen Gemälden zuweilen, übelgelaunt, den Befehl über das Wasser übernimmt. Und da sich seit der letzten Eiszeit zehnmal mehr Wasser als Land in der Lagune befindet, haben sich die Menschen in diesem Kampfgebiet zwischen Flüssen und Meer durchschlagen müssen, so gut es ging. Der Gedanke an die Niederlande und die See liegt da natürlich nahe. Die verzweigten Arme des Po-Deltas führen Sand aus den Bergen des Hinterlands heran, die Meeresströmung arbeitete dem entgegen, es bildeten sich Sandbänke, die die Lagune einschließen wollten, die Nebenflüsse des Deltas mußten umgeleitet werden, um das Ganze nicht durch den Schwemmsand zu verstopfen und das Süßwasser durch drei Öffnungen ins Meer abfließen zu lassen. Auf einer aus großer Höhe gemachten Luftaufnahme wirkt die Lagune wie ein lebender Organismus, die Wasserwege gleichen Blutbahnen, die umgeleiteten Flüsse im Norden und Süden Schlagadern, die Industriegebiete von Mestre und Porto Marghera großen Geschwüren und Venedig selbst einem achtlos weggeworfenen, verlorengegangenen Juwel; die Sümpfe im Umkreis haben dann etwas von einem Königsmantel für einen König auf wackligem Thron aus istrischem Sandstein, der rettenden Steinart, die der Gefräßigkeit des Meerwassers zu widerstehen vermag, genau wie die ebenfalls aus Istrien stammenden Holzpfähle, die, wie in Amsterdam, tief in Sand und Lehm gerammt, Häuser und Paläste tragen. Wer das alles zustande gebracht hat, kann ausziehen, die Welt zu erobern.

VI
Drei Miniaturen

1. *Tiepolo.* Drei Gestalten vor dem Blau des Himmels. Dank des Dreizacks weiß man, welcher Gott gemeint ist. Aber er hält ihn nicht fest, die merkwürdige Waffe, die sein Emblem ist, liegt schräg über seinem Rücken und über dem der dunklen jungen Frau im tiefgrünen Gewand, deren Kopf dem seinen so nahe ist. Was seine Waffe an ihrem Platz hält, ist nicht auszumachen. Dies ist das menschlichste Porträt des Gottes, das ich kenne. Er ist groß und stark, halbnackt, das

lange Haar schwarz, der Bart wild und grau, sein rechtes Auge blickt verliebt, das andere ist nicht zu sehen, doch dieses eine genügt, seine junge Haut ist braun und glänzt, ein paar Brusthaare, die Arbeitshände von dunklerer Farbe, wie bei Bauern und Fischern. Mit ihnen umfaßt er das Füllhorn, das er jetzt vor der blonden gekrönten Frau ihm gegenüber ausschüttet. Münzen, grellrote Korallenstücke, Perlenketten, das ist so phantastisch gemalt, daß man die Konterfeis auf den Münzen zu sehen glaubt, Gestalten in Gold- und Silberglanz, ein Schatz, der über sein mächtiges Knie auf ihr goldbrokatenes Gewand strömt, kein Zweifel, er entrichtet keinen erzwungenen Tribut, sondern gibt aus Liebe, und Venedig ist die Frau, der er dies alles schenkt. Mit einer langen, hellen Hand, die unter dem Hermelin zum Vorschein kommt, zeigt sie auf ihn und sieht ihn mit einem Blick an, der zwischen Befremden und etwas wie Angst liegt. Die sexuelle Konnotation ist nicht zu übersehen, die Frau ist schön, ihre Linke, in der sie das Zepter locker hält, ruht auf dem Kopf eines schwermütigen Löwen mit schaurigem Maul, zurückgelehnt in all ihren Gewändern nimmt sie fast zwei Drittel des Gemäldes ein, so daß es den Anschein hat, Poseidon ströme wie eine schwere Woge auf sie zu, der Himmel mag wissen, was noch geschehen kann zwischen dem Meeresgott und seiner Lieblingsstadt. So gesehen im Dogenpalast, im Saal der vier Türen, in dem die Botschafter auf ihre Audienz warten mußten.

2. *Carpaccio.* Es sagt etwas über John Ruskin aus, daß er die beiden Frauen in dem Carpaccio-Gemälde als Kurtisanen bezeichnete. Frauen von leichten Sitten (aus den besseren Kreisen), sagt mein französisches Wörterbuch, für den Fall, daß ich noch zweifelte. Warum glaubte Ruskin, es handele sich hier um eine Art besserer Huren? Die Kleidung der beiden Frauen ist venezianisch, luxuriös, ihre Frisur raffiniert, der Schmuck nicht übertrieben, aber doch vorhanden. Eine der beiden zeigt ein üppiges Dekolleté, aber das war nicht unüblich. Was brachte Ruskin zu seiner Annahme? Seine eigene viktorianische Prüderie? Der Legende nach hat er sich so oft Nackte aus poliertem Marmor angesehen, daß er zu Tode erschrak, als er in seiner Hochzeitsnacht des Schamhaars seiner Frau ansichtig wurde. Ich glaube jedoch eher, daß zwei andere Dinge, die auf diesem großartigen Gemälde zu sehen sind, ihn zu seinem Urteil führten. Beide Frauen blicken geradeaus vor sich hin, vom Betrachter abgewandt, beide mit einem leeren Blick, eigentlich ins Nichts. Und obwohl einiges geschieht, scheint es, als bewegte sich nichts, als würden sie warten, eine häufig lange währende Beschäftigung, die Kurtisanen nicht fremd ist. Was sehen wir in dem Bild? Zwei Tauben, zwei Hunde, möglicherweise die Pfoten eines dieser beiden Hunde oder die eines dritten, unsichtbaren. Die Frau mit dem Dekolleté hält in ihrer Rechten einen langen, dünnen Stock, den der größere der Hunde mit seinen scharfen Zähnen gepackt hat. Die Gesetze der Perspektive verraten mir nicht, ob die beiden Vorderpfoten, die ich links unten im Gemälde sehe und deren eine auf einem entfalteten Brief

liegt, den ich nicht lesen kann, zu diesem Hund gehören; die Farbe des Hundehaars veranlaßt mich zu der Annahme, daß es so ist. In der Linken hält die Frau die dünne rechte Pfote eines kleinen, aufrecht sitzenden, häßlichen Hündchens, das mich frech anschaut. Die andere Frau scheint ihre Füße in zwei riesige grüne, mit Stickereien verzierte Pantoffeln gesteckt zu haben, aber vielleicht ist es auch nur der bauschige Saum ihres Kleids. Das sind Dinge, die die Kunstgeschichte weiß, und vielleicht auch, was der krähenartige Vogel bedeutet, der genau vor ihr auf dem Boden sitzt und einen dreizehigen Fuß emporhebt. Auch diese Frau hat jenen starrenden, leeren Blick ins Nirgends, den ich der Einfachheit halber modern nenne. In der Rechten hält sie ein Tuch aus Leinen oder Seide, ihr Ellbogen liegt auf der hohen Marmorbalustrade neben einem Granatapfel, Symbol der Liebe und Fruchtbarkeit, soviel weiß ich noch. Ob der kleine Junge, dessen Kopf den oberen Rand der Balustrade noch nicht erreicht, das auch weiß, ist nicht sicher. Jedenfalls ist seine ganze Aufmerksamkeit auf den Pfau gerichtet, den er eigentlich gern streicheln würde. Neben dem Pfau stehen zwei jener Frauenschuhe, die damals in Mode waren und in denen man dem Anschein nach kaum laufen konnte. Das Gemälde hängt im Museo Correr, und wenn man die Gelegenheit hat, lange vor ihm stehenzubleiben, wird es bei diesen Frauen immer stiller. Späteren Theorien zufolge warten sie auf die Rückkehr ihrer Männer von der Jagd, doch das löst das Rätsel der Stille nicht. Kleidung und Gegenstände ordnen das Bild zeitlich ein, aber die Leere des Blicks und die arrogante Abweisung des kleinen Hündchens haben den Geruch meiner eigenen Zeit. Dieses Hündchen weiß zuviel, und wir kennen einander.

3. *Guardi.* Die Stadt, die ich vor einigen Wochen verlassen habe, ist zu Papier geworden. Jetzt, da ich weg bin, kam endlich die große Guardi-Ausstellung ins Museo Correr, Francesco Guardi, der zeit seines Lebens stets Canaletto den Vortritt lassen mußte, obwohl er natürlich wußte, daß er selbst besser war, weil er die Stadt zum Leben bringen konnte, weil er die Palazzi aus ihrer *stasis* erlöste, in der der andere sie für allezeit festgemalt hatte; weil er das Wasser atmen ließ, das Geschrei all jener Männer auf den Schiffen hörbar machte und weil seine Wolken Personen waren, die sich so über das Wasser und die Stadt bewegten, daß man ihnen am liebsten Namen geben würde. Ein Freund, der meine Obsessionen kennt, hat mir eine Ausgabe von *El País* geschickt und eine Seite aus der *New York Times*, die über die Ausstellung berichten, so bin ich doch noch ein wenig in Venedig. Durch das Schwarzweiß des körnigen Zeitungspapiers sehe ich die Gemälde, wie man sie nicht sehen sollte, sie sind von einer unheilbaren Gräue befallen, aber ich setze die Farben mit meiner Erinnerung und meinem Heimweh ein. Dünn und ein wenig durchscheinend ist der Maler auf dem einzigen von ihm bekannten Porträt, Pinsel in der Hand, als müsse er etwas beweisen, die Farben auf seiner Palette weiße und dunkle Striche, weibliche Hände, klare Augen, die alles, was sie sahen, bewahrten, die Stadt, die Stadt und nochmals die Stadt,

eine flüssige Stadt aus Wasser und Booten, eine steinerne Stadt aus Palästen, und darüber hinaus alles, was hinter diesen Mauern geschah, die Stadt in der Stadt, die Kirmes der Eitelkeit im Ridotto, ein Wirbel von Raffinement und Geilheit um die Spieltische, ein leichter Geruch von Fäulnis, der das langsame Ende ankündigt. Seine Gemälde sind heimgekehrt, wer weiß, vielleicht hatten sie Heimweh nach der Stadt, in der Guardi, wie auf einem großen Bild seines Kollegen Giuseppe Bertini zu sehen ist, einst versuchte, seine »kleinen Leinwände« auf dem Markusplatz an den Mann zu bringen. Aus der ganzen Welt sind sie jetzt ins Museo Correr geflogen, vierzig Museen und Institutionen haben sie für einige Monate gehen lassen, ich kann es kaum erwarten, sie leibhaftig zu sehen. Im Grau der Zeitung vor mir schaue ich zum Ufer der Giudecca, wo ich erst vor kurzem noch spazierenging, ich sehe die kleine Insel, auf der ich gewohnt habe, gefangen zwischen Licht und Schatten, ein fernes Dämmergebiet, in dem ich einer der Schemen sein könnte, die seine Gemälde bevölkern. Diese Stadt hat sich seit damals kaum verändert, dadurch hat es den Anschein, als höben seine Bilder die inzwischen verstrichene Zeit auf. Ich bin nicht mehr, wo ich bin, und doch bin ich da, zu Farbe geworden, und gehe dort im Jetzt von 1760 umher, wo er mich hingemalt hat, ein Mann in seltsamen Kleidern, der auf den Stufen vor der Kirche sitzt, an denen ich zwei Jahrhunderte später vorbeigehen werde, ein Niederländer in der allerdurchlauchtesten Republik.

VII

Ich war fort und bin zurückgekehrt. Es ist dieselbe Jahreszeit, jetzt allerdings deutlich dunkler, grauer, kälter. Diesmal wohne ich nicht mehr auf der kleinen Insel, sondern in der Stadt, und schon hat sich die Perspektive verändert. Die Geräusche sind anders, nächtliche Schritte, morgendliche Stimmen, die sich in Schlaf und Halbschlaf mischen, mich in die Welt ziehen. Das Hotel ist klein, das Zimmer ebenfalls, intim. Um nachts lesen zu können, muß ich die kleine, altmodische Schirmlampe quer drehen, damit etwas Licht auf das Buch fällt. Ich lese über die Dogen, deren Grabstätten ich in den Kirchen Frari und Santi Giovanni e Paolo aufsuchen werde. Dort ruhen sie in ihren Sarkophagen hoch aufgehängt an den Wänden, als wollten sie sich der Welt der Menschen entziehen und hätten es eilig, in den Himmel zu kommen. Ich habe sie schon in früheren Jahren besucht und mich gefragt, ob ich das auch wollte, bis in alle Ewigkeit auf halber Höhe einer Kirchenmauer schlafen, mit diesem fremden Echo einer phrygischen Mütze auf dem Kopf, meine steinernen Hände gefaltet, der Macht und den Intrigen entsagt, umgeben von Skulpturen, die die Tugenden oder die Paraphernalien des Krieges darstellen, auf eine hilflose Art noch immer mächtig, allerdings nur als Toter, das versteinerte Paradox.

Mein Hotel liegt gegenüber von Santa Maria del Giglio, die hier auch Zobenigo genannt wird, mein Zimmer befindet sich genau gegenüber ihrer vorderen Fassade, aber es war

Abend, als ich ankam, und ich nahm die Ankündigung des Portiers, mich erwarte eine schöne Aussicht, undankbar zur Kenntnis, weil es dort in der Nähe kein Wasser gibt. Aussicht in Venedig ist Wasser, muß ich gedacht haben, und wie unrecht ich damit hatte, wird in dem Moment deutlich, als ich zuerst die Vorhänge und danach die Fensterläden öffne, denn meine Aussicht aus der dritten Etage ist die Hauptfassade der Giglio, Männer mit Perücken, Engel von unbändigen Ausmaßen, allegorische Gestalten, Feldherren, Seeschlachten, Stadtgrundrisse, menschliche oder göttliche Wesen unterschiedlicher Größe, Frontons, Kranzgesimse, Zwickel, Friese, Pilaster, Blendrahmen, Kragsteine, Putti, eine endlose Szenerie, die mich drei Morgen lang beschäftigen wird. Noch nie hatte ich vom Bett aus eine Beziehung zu einer Fassade, aber ich kann es nicht ändern. Sobald ich die Augen und die Fensterläden öffne, sehe ich den kleinen Platz unten, den Zeitungskiosk, die Passanten auf dem Weg zum Vaporetto. Diese kleine Abschweifung meines Blicks gefällt der Fassade ganz und gar nicht, sie möchte nicht nur meine ungeteilte, sondern auch eine andere Art von Aufmerksamkeit, nie mehr werde ich mit ihr aus so großer Nähe auf Augenhöhe verkehren, nur, wo soll ich anfangen? Am ersten Tag waren es die Zwillinge. Schon mal vom Bett aus steinerne Zwillinge betrachtet? Sie befinden sich irgendwo auf der linken Seite, nahe meinem Fenster, und sie ähneln einander so sehr, daß es wohl Zwillinge sein müssen, halbnackte Männer, der linke hält mit seiner linken Hand ein ausgebreitetes Lendentuch fest, das offensichtlich hinter seinem Rücken weitergeht, denn auch in der

Rechten befindet sich noch ein Stück dieses Tuchs. Die beiden machen ein ernstes Gesicht, sind etwa fünfundvierzig, haben kräftige Renaissancekörper auf dem Weg zum Barock, auf dem Kopf tragen sie dorische Kapitelle, als wäre das nichts, ich tippe auf Sandstein, es könnte aber auch Gips sein, der sich als Marmor ausgibt. Der rechte Mann hält in seiner Linken ebenfalls ein Tuch, das als Hintergrund für ein Wappen mit doppelköpfigem Adler dienen muß, doch je länger ich hinschaue, um so mehr bekommt alles den Anschein eines ausgeklügelten Examens für einen Architekturstudenten, der die Namen all dieser Details kennen muß, für den Wörter wie Vorsprünge, Gebälk, Fronton, Gesims, Archivolte kein Geheimnis bergen. Alles in dieser Welt hat einen Namen, von fleischfressenden Pflanzen und der unscheinbarsten aller Spinnen bis hin zu den Skeletten ausgestorbener Urzeittiere und den Kartuschen an der Fassade mir gegenüber, schließlich müssen wir wissen, wovon wir reden, auch wenn dies die Rätsel nicht kleiner macht. Daß ich aus dem Bett muß, ist mir klar, und sei es nur, um die verrückte Perspektive vom Fenster aus auf ein menschliches Maß zurückzuführen, wenngleich ich nicht weiß, ob das gelingen wird. Der stolze Mann in der Mitte mit seiner Pumphose und so etwas Ähnlichem wie einem Marschallstab sowie einer höchst merkwürdigen, sich nach oben hin weit öffnenden Schale auf den üppigen Locken seiner Perücke mag ja noch hingehen, doch wie sollte er sich je mit einer der gigantischen Frauengestalten ganz oben paaren können, gesetzt den Fall, er wollte das? Ihre Maße passen nicht zueinander, mit all seinem Stolz müßte er in ihrer gip-

sernen Umarmung ertrinken. Und wie steht es mit meinem eigenen Maß? Erst als ich auf der Straße stehe, die Fassade über mir, kann ich versuchen zu schätzen. Vier Männer aus Stein stehen mir da mehr oder weniger gegenüber, aber doch noch hoch genug, um auf mich herabzublicken. Perücken, leicht wehende Kleider in dem Wind, der heute nicht bläst, über ihren Köpfen die Attribute von Gelehrtheit, Macht, Reichtum, Position. Kein Zweifel, sie sind ansehnlich, zum erstenmal höre ich das Wort in seiner wahren Bedeutung, während ich es denke. Sie sind des Ansehens wert, wußten das selbst, und ihre Zeitgenossen wußten es ebenfalls, und wenn man will, daß es die Menschheit auch künftig noch weiß, erbaut man eine Kirche. Die Gebrüder Barbaro, Giovanni Maria, Marino, Francesco und Carlo. Der einsame Bruder in der Mitte der Fassade ist Antonio, 1627 bis 1678, Prokurator von Kreta, Kapitän des Golfs und *provveditore* von Candia. Wenn man ein Barbaro ist, steht man drei Jahrhunderte später noch als Regent da, hat man seine gewonnenen Seeschlachten gegen die Türken und die Grundrisse der Städte, die man regierte, als Relief um sich herum und auf Straßenniveau, zu Füßen, die Brüder mitsamt ihren Titeln. Einer dieser Brüder oder Söhne liest auch noch als Standbild, jede Minute wurde genutzt. Der Portier meines Hotels gibt mir ein Büchlein über die Kirche, aber es ist nicht im Handel, und ich kann es nur kurz einsehen. Die Fassade ist ein Entwurf von Giuseppe Sardo, die Grundrisse sind die von Rom, Padua, Korfu, Candia, das heute Heraklion heißt, der Seekrieg ist mit Hilfe von aufgetakelten Admiralsschiffen und

Galeonen, wilden Wogen und Ruderern mit langen Riemen dargestellt und macht aus der Fassade einen Film in Zeitlupe. Als ich im Internet nach den Barbaros suche, begegne ich ihnen in allen Jahrhunderten, bis hin zu Nicolasa, die sich 1470 mit Bayezid II. vermählte, dem Sultan des ottomanischen Reichs. Der Orient war in Venedig nie fern.

VIII

Im *Gazzettino* lese ich, daß das Wasser morgen gegen elf Uhr bis auf einen Meter dreißig ansteigen kann, die Spannung wächst, jeder spricht davon. Überall stehen die Bretterstege bereit, doch ich weiß, daß ich um diese Zeit mit meinen Koffern durch die Calle del Traghetto werde waten müssen. Gegen sechs geht die Sirene, ein Geräusch, das mich immer an den Krieg erinnert, so etwas wird man nie mehr los, und diese Sirene schon gar nicht, sie verkündet Unheil, Gefahr und schreit, daß in dieser Nacht die Hunnen im Anmarsch sind. Auf einmal wird einem wieder bewußt, daß die Stadt im Wasser liegt und lediglich durch eine schmale Brücke mit dem Rest der Welt verbunden ist, so als stünde man auf einem Schiff, das sinken könnte. Ich öffne die Läden, es ist stockdunkel, jetzt gellt das Geräusch zum Fenster herein, greint noch ein wenig nach und verstummt dann zu einer Stille, in der man alles mögliche hört, das nicht da ist. Dann setzt ein zweites Geräusch ein, eine seltsame, sich ständig wiederholende Melodie, ein geheimnisvoller mechanischer Gesang, der gegen die Fassade der Giglio gegenüber prallt, als wolle er mit diesem harmonischen Summen dem angekündigten Unheil widersprechen oder es sogar leugnen, doch ohne Erfolg. Das Gefühl der Bedrohung wird größer durch das Geheimnisvolle dieses Geräuschs, die ständige, obsessive Wiederholung, bis auch das erstirbt und die Stille ohne Stimmen und Schritte wieder Besitz von der Stadt ergreift. Als ich ein paar Stunden später erneut erwache und das Fenster öffne, sehe ich, daß Antonio Barbaro seine Haltung nicht verändert hat, und auch die Glorie und die Kardinaltugenden sitzen noch unerschütterlich auf dem Halbbogen, der die Fassade nach oben hin abschließt, der Ruhm, die Tugend und die Weisheit haben ihren Platz nicht verlassen, die Welt ist in Ordnung. Der Zeitungskiosk ist geöffnet, ich sehe nirgends Fluten, der Mond, die Gezeiten und das Wasser haben die Stadt an ihre Verwundbarkeit erinnert, morgen wird der *Gazzettino* schreiben, alles sei nur ein falscher Alarm gewesen – bis zum nächsten Mal.

IX

Eine Lektion, die ich in Berlin gelernt habe, als die Mauer noch stand. Wenn man nicht nach draußen kann, sucht man die Ferne drinnen, in unbekannten Stadtvierteln, merkwürdigen Parks, Innenhöfen mit großen Mülltonnen, auf unscheinbaren Plätzen, an heruntergekommenen Fassaden. In Venedig suche ich dann die leeren Teile der Stadt auf, die schmalen Straßen in der Nähe von San Giobbe, die Sträßchen rund um die Salizzada Stretta oder San Giuseppe di Castello, oder, wie jetzt, am anderen Ende der Giudecca. Ich habe dort nichts zu suchen, und genau das suche ich: nichts. Ich habe mich aus der Überfülle der Stadt gelöst und genieße jetzt das Gefühl, ziel- und absichtslos in einem unbelasteten Niemandsland umherstreifen zu dürfen; ich bin die Fondamenta Sant' Eufemia und die Fondamenta San Biagio entlangspaziert, habe mich dann verlaufen, bin wieder zurückgegangen, gelange immer wieder ans Wasser, sehe niemanden, leichter Nieselregen, keine Bäume und dennoch ein leises Rauschen. Woher kommt dieses Geräusch? Ich bleibe stehen, höre in der Ferne ein Boot vorbeifahren und warte, bis es wieder still ist, um diesem Geräusch noch einmal zu lauschen. Ich habe kaum auf den Weg geachtet und bin jetzt auf ein schmales Fahrwasser gestoßen, das der Rio Morto sein könnte, und noch immer höre ich dieses Geräusch, ein Rascheln, die Bewegung sehr vieler zarter Dinge, fast ein Flüstern, doch nicht von Menschen, das Knistern von Papier, eine Zeitung im Wind, aber es weht kein Wind. An dem schmalen Kai, der kein echter Kai ist, liegt ein Boot, zugedeckt mit einer schwarzen Plane. Jetzt bin ich mir sicher, das Geräusch kommt von dort, als ich ganz still stehenbleibe, höre ich es deutlich, ein heiseres Rascheln, leises Zischen, was ist das bloß? Da niemand auf mich achtet, wage ich die Plane ein wenig hochzuheben und entschleiere das Rätsel: Hunderte und Aberhunderte kleiner schwarzer Krabben, die mit ihren Beinchen über die fragilen Panzer der anderen kriechen, Gewimmel und Gekrabbel einer schwarzen, leicht glänzenden Masse, der Fang eines Fischers aus dem schwarzen Wasser der Lagune, schlickfarben, mit ineinander verhakten Beinen unter- und übereinander einen Ausweg suchend, venezianische Melodie für tausend Krabben, ein Gesang aus dem Styx.

X

Hundert Jahre alt ist das Buch auf meinem Tisch. Groß, die Seiten leicht verfärbt und mit dem besät, was Antiquare als *taches de rousseur* bezeichnen, so etwas Ähnliches wie die Leberflecke auf meinen Händen, die man in Twente Friedhofsblümchen nennt. Es ist ein Buch meines Helden Louis Couperus, neben Multatuli einer der bedeutenden, noch aus dem 19. Jahrhundert stammenden Schriftsteller, ein großer Romancier und gleichzeitig jemand, der glänzend über seine Reisen schreiben konnte. Auf dem Umschlag Jugendstilmotive, Blumen und eigenartige Wesen, die den Mittelteil mit dem Titel umschweben: *Uit blanke steden onder blauwe lucht*, Aus weißen Städten unter blauem Himmel. Der Stil ist manieristisch, leicht altertümlich, bildhaft, noch immer lesbar, ein Stil, der zu meinen Ursprüngen gehört, was heißen soll, daß ich Couperus schon früh las, seine Bücher über Niederländisch-Indien und Japan führten mich in die Ferne, die ich suchte, er reiste langsam, und so schrieb er auch, seine Pünktchen am Ende eines Satzes waren der Platz, den er für die Phantasie des Lesers reserviert hatte. Das erste Kapitel seines Buches behandelt Venedig, und was ich gerade geschrieben habe, wird dort wortwörtlich bestätigt: »Denn diese Stadt ist ein Traum und eine Fabel; sie ist nicht wirklich, sie existiert nicht … wir bilden sie uns ein! Sie ist eine Fata Morgana, sie wird geboren in perlmuttenem Glanz, sie erstrahlt in goldenem Glanze, sie verschwimmt in violetten Nachtschatten …«

Nein, so kann man nicht mehr schreiben, angehaucht von Symbolismus und Impressionismus, träge und ein wenig schwülstig, mit allerlei kleinen *touches*, um nur ja jede Nuance des Lichts oder des Wassers oder eines Kunstwerks zu vermitteln, aber ich kann noch immer so lesen, denn indem ich Couperus lese, bin ich nach wie vor in derselben Stadt, freilich ein Jahrhundert früher, einer Stadt, in der noch ein Hauch des gerade entschwundenen Fin de siècle schwebt, einem gemächlicheren und langsameren Venedig. Ob ein Leser in einer anderen Sprache das genauso lesen könnte, wie ich es lese, steht dahin, neue Übersetzungen können dem Altertümlichen und Manierierten dieser Sprache nicht gerecht werden. Proust ist im vergangenen Jahrhundert bereits dreimal neu ins Englische übersetzt worden, während die Franzosen sich nach wie vor mit einer hundert Jahre alten Sprache begnügen müssen – ich habe keine Mühe damit, doch die Smartphone- und iPad-Generation verlangt ein anderes Tempo, weniger Worte, weniger Schmuck, und damit wird die Stadt zu einer anderen, weil mit einer Veränderung der Sprache auch eine veränderte Art des Sehens einhergeht. Mir gefällt es, hier vor hundert Jahren herumzuspazieren. Natürlich hilft die Abwesenheit von Autos dabei, während andererseits eine gewisse Hektik der

Menschen dem entgegenwirkt. Darunter hatte Couperus nicht zu leiden, er fährt in seiner Gondel durch »samtdüstere Kanäle über tintendunkles Wasser« und kommt dann selbst noch einmal auf seinen Tintenvergleich zurück, indem er sagt: »Über diese Tinte, hie und da vom jähen Schein einer Laterne rot überrieselt, durch diesen samtenen Schleier, durch diesen kühlen Hauch von Feuchtigkeit und Herbst, glitt unsere Gondel in das Geheimnis der düsteren Nacht, und es war, als stiegen in schmal zulaufenden Fernen, zwischen schwarzen Palästen, aus den blutig schimmernden Gewässern, Schemen mit langen, über die Tintenfläche schleifenden, triefnassen Schleiern empor und lösten sich in Nebel und Gewölk auf …« Zugegeben, Impressionismus, hie und da ein Hauch Schwarz, ein Tupfer Rot auf das schaukelnde Wasser gesetzt, die Beleuchtung war auch anders in jenen Tagen, und wenn kein Wassertaxi an einem vorbeifuhr, konnte man im halbhellen Halbdunkel gelblicher Lampen vielleicht eher eine Spukgestalt erkennen als wir heute, doch im Grunde, wenn man sich die Zeit zu lesen nimmt, *sieht* man jedes Bild, das er heraufbeschwört, vor allem wenn er dann mit einer plötzlich modernen, filmischen Wendung einen Sprung macht. Plötzlich …

»Plötzlich, nach Ruf um Ruf der paddelnden« (hier spricht seine tropische Vergangenheit)* »Gondolieri, tat sich vor uns die Lagune auf, wendete die Gondel und …

Ein Zauberspiel breitete sich in Lichtergewimmel vor unseren Augen aus …«

* Couperus verwendet hier das vom malaiischen Wort *pengayuh* abgeleitete *pagaai* (Anm. d. Ü.).

Nichts von dem, was er nachfolgend beschreibt, hat sich verändert, die Piazetta nicht, der Bronzelöwe auf dem Markusplatz nicht, und auch nicht das Licht auf der Lagune und der plötzliche Blick auf diesen »eigentümlichen, verwunderlichen Bau, eine Zauberburg, eine sonderbar magische Architektur (...) den Palast der Dogen ... (...) die Wohnstatt eines Kalifen ...«

Als ich von meinem Buch aufblicke, ist das Jahrhundert zwischen ihm und mir verflogen, dies hier habe ich erst vor wenigen Tagen so gesehen, und als ich die Augen schließe, sehe ich ihn in seinem venezianischen Hotel sitzen und höre seine Feder die Wörter kratzen, die ich gerade gelesen habe.

XI
Zwei Gedichte

I

Daß der Kanal im Jahr 1934 stank, wußte er später noch, er sollte sich an den Geruch des brackigen Wassers, vermengt mit dem Dunst gebratener Scampi, erinnern. Vom Fenster seines Hotels hatte er die Tippfräulein in dem Büro auf der gegenüberliegenden Seite sehen können, auch das stand ihm jetzt wieder vor Augen. Ein eigenartiger Nachmittag war es gewesen. Die Frau, die im selben Hotel ein Zimmer genommen hatte, war von weit her gekommen, und dies war ihrer beider Aussicht gewesen, eine venezianische Landschaft. Offenbar hatten sie, dachte er später, als er es niederschrieb, während sie beide dasselbe sahen, nicht das gleiche gesehen. Eine Frau, die am liebsten Gesualdo und Bach hört, schaut anders als ein Mann, der Opern liebt und dazu noch vom banalsten Repertoire. Ach ja, und die Uhr hatte fünf gezeigt, obwohl es erst vier war, deshalb waren sie gerannt, erst über den Markusplatz, wo das Caffè Florian leer war, danach über die Riva degli Schiavoni an der Trattoria Paganelli vorbei, die ihnen von einem knauserigen Florentiner Maler empfohlen worden war. Zwei Zimmer hatten sie in ihrem Hotel, nicht einmal nebeneinander, auch das wußte er natürlich noch, und daß sie am nächsten Morgen vorbeigestürmt war, ohne auch nur einen Blick auf sein Ranzoni-Gemälde zu werfen. Und wenn man dann daran zurückdachte, daß sie in Florenz so ein wunderbares Gespräch geführt hatten, als sie über die Treppen des Viertels Oltrarno zum großen Platz gingen. Doch im Jetzt seiner Erinnerung waren sie noch im Venedig von damals unterwegs, ein Vorkriegssommer, fürchterliche Hitze, Tauben, Fotografen, der bleischwere Biennale-Katalog, in den sie nicht ein einziges Mal geschaut hatten. Sie waren mit einem Vaporetto zurückgekehrt, danach wieder am Kai entlanggeschlendert, Vogelfutter unter den Füßen. Souvenirs hatten sie gekauft, Sonnenbrillen und Ansichtskarten. Ja, 1934 war ihr früheres Selbst dort gegangen, zu jung oder zu fremd waren sie für eine Stadt gewesen, die von Touristen und alten Geliebten lebt.

2

Wo genau es war, weiß ich nicht, aber auf jeden Fall am Wasser. Es ist noch Morgen, vielleicht scheint ein wenig Sonne durch einen leichten Nebel, und hinter den Häusern das größere Licht der Lagune. Der Passant sieht einen schon etwas älteren Mann, vielleicht denselben, der sich in der vorigen Geschichte an eine Frau erinnert und an den Sommer des Jahres 1934, im Gespräch mit einem Hausmeister, zumindest sieht er so aus, und es ist weniger der ältere Mann, der spricht, sondern der Hausmeister, der die Tür mit einer Hand halb geöffnet, halb geschlossen hält und mit der anderen abwehrend gestikuliert. Eine venezianische Szene, die laute Stimme des Hausmeisters, der sehr viele Worte darauf verwendet, den anderen nicht einzulassen. In anderen Aufzügen vielleicht sogar eine Szene aus einem Stück von Goldoni. Jemand ist nicht da, möchte nicht gestört werden, der andere drängt, argumentiert. Der ältere Mann könnte ein Gerichtsvollzieher sein oder ein nicht willkommener Familienangehöriger, der Passant ist bereits weitergegangen, hat aber doch das eine oder andere aufgeschnappt. Es ist denkbar, daß er sich zu dem, was da wirklich vor sich ging, etwas zusammenphantasiert hat. Wenn er Ausländer war, hat er vielleicht das Wort Hemingway verstanden oder Pound, der in Venedig sehr bekannt war. Wäre der Passant jedoch Italiener gewesen, so hätte er den älteren Herrn möglicherweise erkannt, den Opernkritiker des *Corriere della Sera*, der auch Gedichte schreibt. Eugenio Montale. So hätte es sein können, doch woher weiß ich das? Kenne ich die beiden etwa? Nein, den Hausmeister nicht, Eugenio Montale aber sehr wohl von seiner Lyrik, und die habe ich bei mir, hier, in Venedig. Eine Penguin-Ausgabe von 2002, mit der englischen Übertragung der wichtigsten Gedichte von verschiedenen Übersetzern. Auf dem Umschlag ein Foto des Dichters. Die rechte Hand erhoben im Fotografenlicht, zwischen Zeige- und Mittelfinger eine Zigarette, makellos weißes Hemd, vielleicht handgenäht, tiefschwarze Krawatte, ein ganz fein gemusterter Morgenmantel, möglicherweise Seide. Vornehm. Das schwere Gesicht mit meditativem Ausdruck, als habe er gerade etwas gehört oder sich überlegt, worüber er lange nachdenken möchte. Es ist ein Kopf, der lange gelebt und viel gehört, viel gesehen hat. Viel gedacht. Eine Gedichtmühle. Der Kopf des Mannes, der *Satura* geschrieben hat, Gedichte in einem anderen Ton als die mythischen und mitunter rätselhaften Verse von früher, wie *Ossi di seppia* oder *Le occasioni*, in denen manchmal Dante und Cavalcanti noch mitschwangen als ferne Echos einer verehrten Vergangenheit. Diese neuen Gedichte sind weltzugewandter, anekdotischer, direkter. Sie erzählen von einem Leben nach einem früheren Leben, manchmal sind es auch Erinnerungen an dieses frühere Leben, nicht zynisch, aber doch mit einem hellsichtigen Abstand. In einem von ihnen beschreibt Montale seinen Besuch bei Hemingway in Venedig, ein Gedicht fast wie eine Reportage, alle Details fotografisch festgehalten, die Szene, die mein Passant hätte sehen können und der Leser, der ich bin, sehen kann. Ich weiß auch, in welchem Jahr diese Begebenheit stattfand, es ist in besagter Penguin-Ausgabe erwähnt, 1954. Im Januar jenes Jahres wurde fälschlich gemeldet, Hemingway sei bei einem Flugzeugabsturz tödlich verunglückt, im März desselben Jahres kommt Montale, damals noch nicht Literaturnobelpreisträger, nach Venedig, um Hemingway für den *Corriere della Sera* zu interviewen. Hemingway hat im Jahr zuvor den Pulitzerpreis für *Der alte Mann und das Meer* erhalten, 1954 wird er mit dem Nobelpreis ausgezeichnet werden.

Der ältere Mann aus meiner venezianischen Geschichte versucht, den Hausmeister zu beeindrucken. Er übertreibt ein wenig, ein Journalist mit einem Auftrag, der sich Zutritt verschaffen will, der Hausmeister mit den Zügen eines von Dantes Teufeln widersetzt sich, er hat strikte Anweisungen, der amerikanische Schriftsteller darf nicht gestört werden. Doch der andere drängt weiter, nennt Pound, der angeblich sein Freund sei, und ist selbst offenbar jemand, dem eine besondere Behandlung zusteht. Er ist schlicht, aber vornehm gekleidet, er kennt die richtigen Leute. Und dies ist Italien. Der Hausmeister ruft oben an. Sie stehen noch immer in der offenen Tür. Lichtflecke im Wasser, das sich leise bewegt. Ein Vaporetto fährt vorbei. Ein venezianisches Geräusch, typischer geht es nicht. Da hinein die Stimme des Hausmeisters, die Pausen, wenn die andere Stimme, die dort oben, spricht. Dann ist es geschafft. Der Besucher darf hinauf. Viel später wird das Gedicht genau erzählen, was er an jenem Märztag gesehen hat. Der Schriftsteller liegt noch im Bett, unter einer Pelzdecke. Der Besucher sieht nur dessen Augen und das Ekzem auf der Haut ringsum. Zwei oder drei leere Merlotflaschen, von diesem Morgen oder der Nacht davor, Vorboten dessen, was folgen wird, später, unten im Restaurant.

Dort dreht sich das Gespräch nicht um den Schriftsteller, sondern um gemeinsame Bekannte, die Buchhandlung Shakespeare & Company, Adrienne Monnier, Sylvia Beach, Rue de l'Odéon, Valery Larbaud, die wilden dreißiger Jahre, die lärmenden Fünfziger, ihre eigene Zeit. Paris ein Schweinestall, London dito, New York *stinkt*, dort herrscht die Pest. Und in den hiesigen Sümpfen nichts zu jagen. Keine Wildenten und keine Mädchen, nicht einmal die leiseste Idee für ein Buch wie dieses Buch, das preisgekrönte. Kein Glückstreffer mehr, kein alter Mann und kein richtiges Meer. Sie stellen eine Liste gemeinsamer Freunde auf, doch im Grunde möchte der Besucher nicht zuhören. Alles *ist rotten, verfault*, sagt der Schriftsteller, alles. Fast in Tränen bittet er den Besucher, keinen Besuch mehr zu schicken, und schon gar keinen, wie dieser selbst einer ist – noch schlimmer, wenn sie intelligent sind. Dann steht er auf, hüllt sich wieder in seinen Morgenmantel, umarmt den Dichter und sagt ihm *adieu*.

Nach dieser Begegnung lebte er noch sieben Jahre, und bei seinem zweiten Tod hatte er keine Zeit mehr, die Nachrufe auf sich zu lesen. Das Gedicht, das den Besuch beschreibt, erschien 1962 in *Satura*. Es ist eines von zwei »Prose veneziane«. Dreizehn Jahre später erhält der Besucher selbst den Nobelpreis. Der Passant in Venedig, der sich das alles vorgestellt hat, nachdem er das Gedicht des einen über den anderen gelesen hat, denkt, er habe es selbst erlebt.

XII
Das verschwundene Abendmahl

Bei Inquisition denkt man an Spanien, an Ketzer mit seltsamen hohen, spitzen Mützen, an Scheiterhaufen, erzwungene Geständnisse, grausige Bilder, die die Worte Heilige Inquisition zu einem bösartigen Oxymoron machen. Daß es auch in Venedig Inquisitoren gab, die den Menschen das Leben ziemlich schwermachen konnten, ist weniger bekannt. In der Gallerie dell'Accademia hängt ein monumentales Gemälde von Paolo Veronese, das einst Gegenstand eines Verhörs des Malers durch drei venezianische Inquisitoren war. Und da die Inquisition, wie die Gestapo und die Stasi, alles schriftlich festhielt, wissen wir, was an jenem Tag, dem 18. Juli 1573, gefragt und geantwortet wurde. Veronese war zu diesem Zeitpunkt fünfundvierzig Jahre alt und befand sich auf dem Gipfel seines Ruhms. Worum ging es? Der Maler hatte von den Dominikanern den Auftrag erhalten, für das Refektorium (den Speisesaal) ihres Klosters ein besonders großes Gemälde anzufertigen, auf dem das Letzte Abendmahl zu sehen sein sollte. Er muß mit viel Freude daran gearbeitet haben, denn es ist eine gigantische Leinwand mit den von ihm bekannten majestätischen und farbenfrohen Figuren an einer Tafel, an der und um die herum alles mögliche geschieht. Eines der Privilegien von Malern besteht darin, daß sie sich einen Himmel ausdenken dürfen. Was für ein Wetter an dem Tag herrschte, an dem er sich diesen Himmel ausdachte, wissen wir nicht, jedenfalls ist der, den wir durch die drei großen Öffnungen des prächtigen Gebäudes sehen, in dem er das Gastmahl stattfinden läßt, eine glänzende, lebendige große Fläche aus strahlendem Blau, durchzogen von gräulichen, goldgeränderten Wolken, die der architektonischen Geradlinigkeit der klassischen, damals jedoch modernen Gebäude im Hintergrund ein eigenes Relief verleihen. Ich habe versucht, die Menschen zu zählen, die bei dem Fest zugegen sind, Zwerge, Hellebardenträger, Diener, Großmächtige, Schnorrer, Männer mit Turbanen, Schwarze, doch es ist unmöglich. Fünfzig sind es mindestens, die gemeißelten Engel, die auf den Rundbögen der Öffnungen liegen, und die Menschen an den Fenstern und auf den Treppenabsätzen und Balkonen der benachbarten Gebäude nicht mitgerechnet. Die Tafel steht in einem offenen Raum, der von zweimal sechs korinthischen Säulen getragen wird, alles deutet auf Luxus und Reichtum hin. Kanariengelb, scharlachrot, so haben die Gäste – anscheinend ausnahmslos Männer – sich gekleidet, ungestüme Farben, die gut zu ihrer Körpersprache passen. In der Mitte dieses vermutlich sehr geräuschvollen Spektakels sitzt Jesus mit seinen treuen Jüngern fast abseits, als gehörte er eigentlich nicht dazu, ist durch seine Ausstrahlung aber doch der heimliche, traute Mittelpunkt dessen, was wie ein großes, turbulentes Fest aussieht. Wo er sitzt, ist es ruhig. Er ist jung und spricht mit einem jungen Mann neben ihm, unmöglich, zu wissen, was er in diesem Augenblick sagt, das erfahren wir erst später. Petrus schneidet das Fleisch und reicht es zur anderen Seite der Tafel, in der Nähe steht ein Mann mit blutender Nase, auch ein Hund ist mit von der Partie, Judas natürlich, der reiche Gastgeber namens Simon, ein paar Hellebardenträger, deutsche Gäste (und die galten in jener Zeit als Protestanten, sprich Ketzer) und natürlich Bedienstete.

So gut wie niemand bei Tisch blickt zu Jesus, in der linken Ecke des Gemäldes klettern Männer mit Turbanen anscheinend direkt an der Wand hoch, links und rechts führt eine Treppe nach unten, ein Negerjunge in lachsrosa Seide gießt etwas aus einer Kanne ein, einige Männer scheinen am Fest nicht teilzunehmen, doch in diesem palastartigen Raum wird gegessen und getrunken, was das Zeug hält, fast könnte man vergessen, daß es sich hier um einen heiligen Augenblick handelt, der sich nach zweitausend Jahren noch täglich in jeder heiligen Messe auf der ganzen Welt wiederholt, und genau daran störte sich die Inquisition, und so mußte Veronese vor dem Heiligen Tribunal erscheinen, um sich zu verantworten. Sehr beeindruckt davon scheint er nicht, seine Antworten sind kurz, eher lakonisch. Man fragt, ob er wisse, warum man ihn vorgeladen habe, und er antwortet, er glaube schon. Er spricht die Inquisitoren höflich mit Eure Durchlaucht an, aber man gewinnt den Eindruck, daß er sie auch ein wenig zum Narren hält. Der Hund da, was soll dieser Hund, ein Hund in Christi Nähe, das sei doch Blasphemie? Dorthin hätte er doch Maria Magdalena malen müssen, oder? Ja, aber er sei der Ansicht gewesen, dort wäre sie nicht richtig zur Geltung gekommen. Und diese blutende Nase? So etwas paßt doch nicht, oder? Ja, aber das sollte ein Diener sein, dem ein kleines Mißgeschick passiert sei. Und dieser Mann, der so deutsch aussieht, bewaffnet mit einer Hellebarde? Um das zu erläutern, benötige ich etwas Zeit. Eine Antwort, bitte!

Also, wir Maler sind es gewohnt, uns die gleichen Freiheiten zu nehmen wie Dichter und Narren, und deshalb habe ich die beiden Hellebardenträger, einen, der ißt, und einen, der trinkt, an den Fuß der Treppe gemalt, aber doch so, daß sie jederzeit zu Diensten sein können, denn dazu, glaube ich, hält sich ein reicher Mann wie dieser Gastgeber solche Leute.

Und der Kerl da, der aussieht wie ein Hofnarr, mit einem Papagei auf der Faust, was soll der?

Der ist zur Ausschmückung da, das ist üblich.

Und wer sitzt am Tisch des Herrn?

Die zwölf Apostel.

Was macht der heilige Petrus, der dort, der erste?

Der verteilt das Lamm für die ganze Tischrunde.

Und der neben ihm?

Der hält ihm den Teller hin.

Und der daneben?

Der stochert sich mit der Gabel zwischen den Zähnen.

Wer war deiner Meinung nach tatsächlich zugegen?

Meiner Meinung nach Christus mit seinen Aposteln, aber wenn auf einem Gemälde noch Platz ist, male ich es voll mit Figuren aus meiner Phantasie.

Hatte dir denn jemand den Auftrag erteilt, Deutsche, Narren und ähnliches Volk zu malen?

Nein, meine Herren, aber ich sah, daß ich viel Platz hatte und daß ich also viel hineinmalen konnte.

So geht das Gespräch noch eine Weile weiter, und natürlich muß er zugeben, daß dies keine würdige Gesellschaft für ein so heiliges Ereignis ist, aber er weiß bereits, wie das Urteil lauten wird: Das Gemälde muß binnen drei Monaten übermalt werden, Hund und blutige Nase und Zahnstocherer plus die Deutschen müssen verschwinden – doch der Maler hat, mit Einwilligung der Dominikaner, die das Bild gern so belassen würden, wie es ist, längst einen Plan gefaßt. Er ändert nichts oder kaum etwas an dem Gemälde, benennt es lediglich um, und so heißt es auch heute noch in der Accademia: *Das Gastmahl im Hause des Levi*, und wenn Gemälde einen Untertitel hätten, könnte er in diesem Fall lauten: *oder die Inquisition an der Nase herumgeführt.*

XIII
Stimmen, Orgel, Regen

Es heißt, daß nahezu alle Venezianer abends ihr sinkendes Schiff verlassen. Zu hohe Mieten, zu viele Touristen. Sie wohnen in Mestre oder noch weiter entfernt im Veneto. Vielleicht haben sie früher in Venedig gewohnt, sind aber der Kinder, der Arbeit, des Alters wegen fortgezogen. Jetzt kommen sie nicht mehr in die Stadt oder allenfalls, um zu arbeiten, echte Pendler. Kellner, Carabinieri, Lehrer, Krankenschwestern, Personal der Vaporetti. Ich habe deshalb immer das Gefühl, die Stadt komme am frühen Abend ein wenig aus dem Wasser hoch, der gleiche Effekt wie beim Aussteigen aus einem

Traghetto. Wer aber sind dann die Menschen, die sich als Venezianer bezeichnen dürfen? Die hier wirklich wohnen und weder Ausländer noch Besucher sind? Richtige Venezianer, die nicht im Traum daran denken, ihre schwimmende Stadt zu verlassen, komme was da wolle. Man kann die Leute auf der Straße oder in den Geschäften nicht danach fragen, sondern höchstens versuchen, an diesem oder jenem Zeichen zu erkennen, wer dieses zunehmend seltener werdende Wesen ist, das sich von immer neuen Horden, hohen Preisen oder Hochwasser nicht hat vertreiben lassen. Es sind diejenigen, die nicht alle naslang an einer Ecke stehenbleiben, um den Stadtplan zu studieren, sondern mit der größten Selbstverständlichkeit in eine dunkle Gasse biegen. Die zur Messe gehen, wenn die Touristen noch schlafen. Ein alter Mann in einem schummrigen, staubigen Café irgendwo in Cannaregio, der im *Gazzettino* die Venedigseiten liest. Alte Damen auf dem Rialto-Markt, die sich wie gute Bekannte ausführlich mit den Verkäuferinnen unterhalten. Frauen, die nicht über den Markt schlendern, sondern schnurstracks diesen einen Fischstand ansteuern. Wenn man die Stadt oft genug besucht hat, kann man die Zeichen vielleicht sehen – venezianischer Dialekt, heftige Diskussionen über lokale Angelegenheiten, geduldiges Schlangestehen vor einem städtischen Amt. Wie viele sind es noch? Gegerbt durch jahrhundertelange Erfahrung und gewappnet gegen die hundert Menschen pro Tag, von denen sie nach dem Weg gefragt werden, gegen russischen oder englischen Akzent, invasionsresistent, sich an einem Gefühl der Zusammengehörigkeit festhaltend, im Besitz einer

Geheimlehre, die die anderen ausschließt, Menschen, die einander an einem Wort, einem Ausdruck erkennen und wissen, wo was billiger ist, zu welcher Zeit man besser nicht mit dem Vaporetto fährt, denen man Touristenpreise gar nicht erst abverlangen muß und die die Orte kennen, an denen sie unter sich sein können, die mit den Codes und geheimen Gesetzen der Stadt vertraut sind und den Pseudovenezianer auf hundert Meter durchschauen. Es ist ihre Stadt, die, wenn all die anderen fort sind, wieder ihnen gehört, das ewige Labyrinth, in dem nur sie Bescheid wissen, die Stadt, deren Unannehmlichkeiten sie ertragen als Zeichen des Auserwähltseins.

Diese Gedanken kamen mir, als ich am Sonntag, dem 25. November 2012, in der Kirche San Rocco um mich sah. Alles nur Venezianer, dachte ich. Draußen schüttete es. In einem Café in der Nähe, in das ich auf einen heißen *cappuccio* geflüchtet war, hatte ich das kleine Plakat gesehen. *Musica e Spiritualità*. Eine Aufführung in San Rocco, *Coro* Thomas Tallis di Arduino Pertile, Thomas Mazzucchi *direttore*. Francesco Bravo *organo*. Sie sollte um fünf Uhr beginnen, und es war fast so weit, draußen war es praktisch schon dunkel, ich ging schnell durch die Regenschauer zur Kirche, das Konzert war kostenlos, und drinnen fand ich gerade noch einen Platz. Palestrina und Palestrina, danach dreimal gregorianische Musik, eine Toccata von Gabrieli, William Byrd, Christopher Tye, alles angenehm alt. In der Kirche schien jeder jeden zu kennen, man hielt Ausschau, winkte sich zu, küßte, schüttelte Hände, kein Zweifel, das war eine durch und durch venezianische Angelegenheit, man war unter sich, die Musik würde uns mitsamt der Kirche in die Höhe tragen, so etwas konnte man Palestrina getrost überlassen. In solchen Augenblicken existiert Sterblichkeit nicht, Palestrina ist seit gut vierhundert Jahren tot, die Worte, zu denen er sein vierstimmiges Lied komponiert hat, waren bereits vor mehr als zweitausend Jahren als Psalm geschrieben worden und handelten von einem Fluß, der damals wie heute in der Nähe von Bagdad floß. Klagende hatten an den Ufern dieses Flusses gesessen, nach Babylon verbannt, und von Zion geträumt, ich saß in einer alten Kirche in einer noch älteren Stadt, und da ich die Worte kannte und wußte, was sie bedeuteten, wurde auch ich unvorstellbar alt, ich hatte teil an etwas, saß zusammen mit einigen Hundert Menschen in nassen Regenmänteln in einem Raum, der uns vor den Unbilden des Herbstwetters schützte. Die Sänger, Männer und Frauen, standen vorn in der Kirche, aber so nah, daß man ihre Gesichter sehen konnte. Sie sind schwarz gekleidet, stehen im Halbkreis, bei den einzelnen Stücken wechseln die Formationen, manchmal treten vier der Sänger näher zu uns, während die anderen vorn bleiben, dann wogen die Klänge wie bei einem Responsorium aufeinander zu. Polyphone Musik, keine Instrumente, ganz kurz dieses fast unhörbare Stimmen der Stimmen, eine Art heiliges Summen, *mummm … mimmmm …* so ist es gut, man nickt sich zu, blickt zum Dirigenten, der noch für einen Augenblick Stille walten läßt, die Hände hebt in diesem winzigkurzen Moment, in dem noch keine Musik zu hören ist, und dann geschieht es, mit einemmal füllt sich die Kirche mit komponierten

Klängen, Stimmen verweben sich ineinander, folgen und stützen sich gegenseitig, Menschen, die kein Instrument benötigen, um Musik zu machen, ihr Körper ist ihr Instrument, die Stimmen fliegen an den hohen Säulen empor, tasten die Mauern ab, irren durch das Gewölbe, bis die ganze Kirche aus Musik besteht und wir in Harmonien gewiegt werden, die Dinge verheißen, die es nicht gibt, außer jetzt, in dieser Musik. Eine katalanische Ballade aus dem vierzehnten Jahrhundert, danach nur Latein, ein *Laudate*, ein *Ave verum*, ich kenne die Worte noch aus meiner Klosterschulzeit. Singende Menschen sind schön, das Alltägliche ist aus ihren Gesichtern verschwunden, auch für sich selbst sind sie andere Menschen geworden, ein mehrstimmiges Instrument, das uns umfängt und einspinnt. Als nach den Liedern die große Orgel mit Macht einsetzt, erzittert die ganze Kirche, man spürt es bis in die Knochen, als wäre man selbst ein Teil des Gebäudes, und als sie dann wieder verstummt und man die Regenschauer gegen die hohen Fenster prasseln hört, scheint es, als führe man auf einem Schiff voller Musik durch die gefährliche Nacht, ohne sich vor Unheil fürchten zu müssen.

Für kurze Zeit war ich an einem herbstlichen Abend ein Venezianer in Venedig, ich hatte zwischen Menschen gesessen, die dasselbe gehört hatten wie ich, die wie ich vorübergehend ihrem Alltag enthoben waren. Es gibt keine Instrumente, die das dazu gehörende Gefühl messen können. An der Vaporettohaltestelle sah ich, wie die Regennadeln Kerben ins dunkle Wasser ritzten, als würden auch ins schwarze Naß Noten geschrieben. An Bord fand ich einen geschützten Platz auf dem Achterdeck. Lichter schienen hinter den hohen Fenstern der Palazzi, und durch den Regen und das Motorgeräusch hindurch hörte ich noch immer die Musik.

2012, 2013

Abbildungen

S. 11: Canal Grande
S. 15: Campanile (Dorsoduro)
S. 18: Bonifacio de' Pitati, Apparizione dell' Eterno
S. 22: Piombi (San Marco)
S. 28: Torcello
S. 35: Campo Pisani (San Marco)
S. 42: Santa Maria della Visitazione, Detail (Dorsoduro)
S. 47: San Michele (Isola di San Michele)
S. 54: San Giorgio Maggiore (Isola di San Giorgio Maggiore)
S. 58: Fondazione Giorgio Cini (Isola di San Giorgio Maggiore)
S. 67: Commissariato San Marco, Fondamenta San Lorenzo (Castello)
S. 71: Gondel
S. 78: Markusplatz (San Marco)
S. 87: Santa Maria del Giglio, Fassade: Antonio Barbaro (San Marco)
S. 95: Gaggiandre, Arsenale (Castello)
S. 102: Portaltor Ingresso di Terra, Arsenale, Detail (Castello)
S. 111: Vaporetto

Archiv für Kunst und Geschichte, Berlin: Seite 18 (De Agostini Picture Library).
Alle weiteren Abbildungen stammen aus dem Archiv von Simone Sassen.

Die Texte aus den Teilen I und II – der Ausschnitt aus *Im Orientexpreß* (1982) sowie *Casanova* (2000) und *Venezianische Vignetten* (1998) – sind auf deutsch erstmals erschienen in: *Nootebooms Hotel*, Suhrkamp Verlag, Frankfurt/M. 2000. Die 13 Kapitel des dritten Teils (2012/2013) werden im vorliegenden Band zum ersten Mal veröffentlicht.

Dank an Vlaams-Nederlands Huis deBuren/»citybooks«.

 Bezugspapier: Simone Sassen. Gesetzt in der Schrift Garamond. Gedruckt auf holzfreies Papier der Firma Cordier, Bad Dürkheim, vom Memminger MedienCentrum. Gebunden in Fadenheftung von der Buchbinderei Spinner, Ottersweier.

Printed in Germany. Erste Auflage 2013.

ISBN 978-3-458-19386-9